Giada Smania
alias Vaccapower

Non chiamiamolo lieto fine

CAIRO

ISBN 978-88-309-0522-1
Prima edizione: luglio 2025

Sommario

NON CHIAMIAMOLO LIETO FINE

A chi si è svuotato pur di piacere, e poi
ha chiamato amore quel vuoto

1
Il *mindset* dei vincenti

Si chiama Michele.

Sto ancora decidendo dove posizionarlo nella classifica della fanfaronaggine. Per quanto riguarda l'estetica, invece, non ho dubbi su dove si piazza: un pezzo di manzo alto almeno un metro e novanta, muscoloso, con un viso scolpito a metà tra l'inquietante e l'affascinante, capelli visibilmente curati (e con i ricci è difficile, lo sappiamo tutti) e, come se non bastasse, sa anche conciarsi come si deve. Riesce ad apparire elegante persino ora, seduto scompostamente sul sedile della sua auto, in questo parcheggio alberato.

Da che ci siamo detti ciao, non sono ancora riuscita a pronunciare più di due parole di seguito. Ma con davanti un tipo così, è già tanto che insieme alla parola non abbia perso pure i vestiti.

«...Ed è stato dopo la fine di quella relazione che ho *davvero* scoperto come stare bene con me stesso.» S'interrompe per riprendere fiato e, immagino, creare un po' di suspense.

Sarà la psicoterapia che l'ha fatto «stare bene»?

Sì, certo, come no.

«Bisogna entrare nel *mindset* giusto. Quello dei vincenti.»

Ecco. Ti pareva.

A questo punto, Michele è decisamente entusiasta.

«Tutte le mattine, sveglia alle cinque. Frullato energizzante. Mezz'ora di stretching, mezz'ora di corsa, un'ora di potenziamento muscolare. Colazione proteica. E poi al lavoro, a testa bassa, per tutta la giornata» dice, enfatizzando ogni punto del suo incredibile elenco con un colpetto dell'indice sulla mano aperta.

«E la pausa pipì a che ora ce l'hai?» butto lì, sperando di farlo ridere. Ma Michele non me lo concede: è evidente che ci tiene a insegnare anche a me il *mindset* dei vincenti.

«Non si scherza su queste cose. Solo così si raggiungono gli obiettivi.»

«Ma quando dici "al lavoro"... cosa intendi esattamente?»

È una curiosità genuina, la mia: sul suo profilo ha scritto solo che è un «libero professionista».

«Il mio lavoro. Il trading di criptovalute.»

Oh, Gesù.

Michele mantiene la sua posizione nella classifica della bellezza, ma sta anche risalendo rapidamente il podio delle cazzate. Il che è tutto dire; nella mia top 3, infatti, ci sono:

- «Voglio che ciò che c'è tra noi possa evolversi in una storia seria» (qualche tempo dopo ho scoperto che aveva già una compagna, con cui stava da anni);

- «Non riesco a pensare a una vita senza di te» (un mese più tardi era già fidanzato con un'altra);
- «Posso trasformarti in un uccellino» (e direi che questo merita un posto sul podio anche per via della stranezza: me l'aveva detto uno «stregone» che avevo incontrato fuori da una birreria dopo esser stata lasciata, e avergli raccontato tutta la mia vita).

Un po' mi viene da ridere, e un po' Michele mi fa tenerezza: mi sembra così convinto. Non ricordo bene perché mi era sembrato così interessante quando ci ho parlato per messaggio, cos'è che mi abbia spinta a dire «ma sì, dai, usciamo insieme». A volte dimentico pezzi interi della mia vita: devono ricordarmeli i miei amici. Altre volte invece mi sembra di non riuscire a capire se una cosa me la sono immaginata o se è effettivamente successa, specie quando si tratta di sentimenti e sensazioni. Sto sempre a chiedermi: *ma è vero? Ho provato davvero questa cosa, o sto solo pensando che è così che mi sarei dovuta sentire?*

Ok, non sto rispondendo a Michele da troppo tempo. È vero che non sembra molto interessato a quello che dico, ma se resto catatonica forse se ne accorge.

«Criptovalute, wow!» squittisco, nella migliore imitazione possibile di una cheerleader entusiasta.

Accidenti. Mi sa che non ha abboccato.

Scuote la testa e si sistema meglio sul sedile.

«Non c'è da ridere, Shailene. Sto finalmente ascoltando la mia voce interiore.»

Eh, caro, allora è solo la mia voce che non senti, visto che non mi hai fatto una sola domanda negli ulti-

mi trenta minuti. Ecco cosa vorrei replicare. Michele è bello, attraente, affascinante, ma non proprio quel che si dice un bravo interlocutore: fa monologhi interminabili, ignora le mie caute affermazioni cambiando argomento e, quando risponde, è sempre con dei laconici «ci sta».

«Non è stata una vita facile, la mia. Non sono sempre stato così come mi vedi, sai?»

Ma non mi dire.

Michele rimane un attimo in silenzio, mentre il suo sguardo scruta il mio corpo con attenzione.

Sto indossando un semplice top marrone (da quando il grasso è arrivato anche lì è come se fossi obbligata a metterle in risalto, sono un bel vedere) con sopra una giacchetta beige. È un po' rovinata, ma so che, se sono fuori con un ragazzo, i suoi occhi non cadranno sicuramente su piccoli dettagli come questo. Nonostante ciò, però, ho scelto dei jeans baggy: fanno risaltare il punto vita e, a modo loro, nascondono un po' la pancia.

A me non dispiace, a essere sincera. Non mi fa né caldo né freddo: sono così e basta. Da quando sono ingrassata, però, ho iniziato a ricevere più attenzioni maschili. Forse ero semplicemente insicura da magra, e ora mi apprezzano perché sono sicura di me. O forse è solo merito delle tette.

«Smettila di provare a dare significati profondi alle azioni o alle parole degli uomini» dice sempre il mio migliore amico; «la maggior parte delle volte facciamo le cose senza pensarci e non diamo loro così tanta importanza, come invece fai tu!»

Bel tentativo, Benedetto. Ma purtroppo non funziona per quelli di noi che cercano di vedere il bene in tutti.

«Davvero?» chiedo a Michele, sforzandomi di sembrare ipnotizzata dalla conversazione. «Non si direbbe, a vederti.»

«Lo so!» esclama lui, evidentemente soddisfatto. «Fino a qualche anno fa pesavo più di novanta chili. Adesso sono cambiato. Merito del *mindset* vincente» ripete, portandosi l'indice alla tempia.

Se lo sento usare la parola mindset *un'altra volta, mi fingo morta come un opossum.*

Invece, a sorpresa, Michele sogghigna.

«Però ti confido un segreto... continuano a piacermi le ciccione» mormora, e il mio stomaco, per qualche motivo, si contorce da morire, lasciandomi una sensazione strana addosso.

Mi prendo un momento per rispondere, cercando di ricordarmi che se sono qui è perché Michele è bello, non perché è intelligente.

«Immagino sia proprio il mio giorno fortunato, allora» ironizzo, e noto che il clima in macchina è cambiato. Non mi sto riferendo alla temperatura: *pare proprio che abbiamo un torello all'attacco.* E io, ahimè, con questi capelli appena tinti l'avrò attivato.

«Sai cosa dicono sulle ragazze con i capelli rossi?» chiede, e subito si china su di me: il suo fiato mi sfiora il viso e la sua mano si appoggia al mio collo.

Più che rossi sarebbero ramati, in realtà. Ma non mi aspetto che Michele sia *up-to-date* sulle ultime tendenze in fatto di capelli.

«Non lo so» annaspo, in cerca di un po' d'aria, mentre lui si avvicina ancora di più, «sono tinta.»

La mia affermazione non sembra turbarlo (sempre che mi abbia ascoltata, ovviamente) e mi bacia: uno di quei baci che lascia veramente poco all'immaginazione.

E, infatti, pochi secondi dopo siamo ansimanti sui sedili dietro. Quest'uomo ha davvero un certo potenziale quando non apre la bocca per parlare. È quasi un peccato.

Forse quando nasci bello non acquisisci le *skills* di sopravvivenza fondamentali... Le conosciamo tutti, no? La simpatia, l'empatia, il *people pleasing*...

Okay, lungi da me lasciarmi andare a certe generalizzazioni, ma quando nasci brutto queste cose le noti.

Tanto per fare un esempio, a scuola capitava che mi trattassero male a prescindere, o che non mi ascoltassero direttamente; sarà per questo che ora ho un problema col silenzio, che mi crea così disagio quando mi ci trovo immersa. All'epoca cercavo di attirare l'attenzione scherzando e facendo domande agli altri: ci ho messo poco tempo a capire che, alla base di molti caratteri, c'è solo tanto egocentrismo. E quindi sono solo felici di poter parlare di loro stessi.

Inevitabilmente, però, questo portava a rapporti unilaterali.

Oddio, ma quindi che skills *ho imparato esattamente? Come mettermi in secondo piano?*

Che realizzazione strana. *O forse sto un po' esagerando?*

«Wow, è stato bellissimo» sussurra Michele al mio orecchio, e io vengo riportata di colpo al presente: ero vagamente consapevole del suono della pelle che sfregava sui sedili, dei respiri affannosi che appannavano i vetri, della luce fuori che cambiava. Ma non mi sono nemmeno resa conto di quanto tempo è passato.

Abbiamo finito? «Sì, è stato bellissimo.»

Non scambiamo molte altre parole. Eravamo qui per un solo motivo, e non serve più sforzarsi (o meglio: sforzar*mi*) di intrattenere una vera e propria conversazione.

Le sue energie cambiano: adesso è addirittura più distaccato di prima. Prima che io scenda dall'auto dice di volermi rivedere questa settimana perché, a sentire lui, gli piaccio, e io gli prometto che gli farò sapere quando sono libera.

Molti confondono il «mi piaci» con il «mi piace come mi fai sentire». O forse lo usano perché suona meglio: sanno di non averti fatto domande, di non averti veramente conosciuta, ma alla fine a loro non interessa. *E quindi che tipo di bugia è? A fin di bene? O... a fin di pene?*

Ridacchio da sola, mentre mi incammino verso casa accompagnata dal silenzio delle campagne. L'ho odiato per tanto tempo, questo luogo, ma ora mi dà conforto. Ho sognato grandi città per anni; poi però ho capito che, anche trasferendoti, porti i tuoi problemi con te. A questo punto, io preferisco conviverci nella calma e nella tranquillità.

Ho iniziato ad apprezzare queste viuzze che puzzano di sterco di vacca e questi vicini anziani con cui replico quasi quotidianamente le stesse conversazioni: bella giornata oggi, eh? Gli animali? Meglio delle persone, gli manca solo la parola. Sì, sono la figlia di Domenico. Eh sì, sono cresciuta. Sarah? Sta via per l'università. La mamma si è trasferita dal suo compagno.

Sì, sì, buona giornata pure a voi.

Sicuramente avere un cane mi ha aiutata a conoscere meglio il vicinato e a inserirmi nel contesto sociale. Prima restavo sempre a casa, penso ci siano stati mesi in cui non sono quasi mai uscita.

Ma anche di quel periodo ho pochi ricordi.

«La tua mamma è tornata!» urlo spalancando la porta e, oltre al batuffolo di pelo dorato che mi corre incontro, vengo improvvisamente sorpresa da quanto in disordine sia casa mia: lo stendino è in salotto, abbandonato nello stesso punto da almeno tre giorni; la tavola della cucina è ricoperta da stoviglie usate e bottiglie d'acqua vuote. Le sedie sono ricoperte da pile di giacche e vestiti e per terra ci sono scatoloni e giochi di Red sparsi ovunque (insieme ai suoi peli). *Dovrei riordinare…* Però adesso sono troppo stanca, ho già fatto abbastanza movimento per oggi. *Ci penserò dopo.*

Che poi è anche quello che mi sono detta ieri. E l'altro ieri. E pure il giorno prima.

Sarah mi guarderebbe disgustata, mi farebbe sapere quanto è schifoso vivere in queste condizioni e probabilmente mi urlerebbe addosso, perché non sopporta il disordine.

Vorrei essere nata come lei, con un'ossessione malsana per il pulito e un'avversione incredibile per ogni forma di procrastinazione. Ma qualcuno, lassù, aveva altri programmi per me: ogni famiglia ha bisogno di una pecora nera. E io posso considerarmi la prescelta.

«Sì, sei mancata tanto a mamma» sussurro a Red: lei scodinzola felice e mi lecca tutto il viso. La coccolo per un paio di minuti seduta per terra. *Chissà se le manco quando non ci sono. Penserà che l'ho abbandonata? O sarà felice di stare un po' senza di me?*

Vorrà mica i suoi spazi? Quattro anni in termini canini significano che è praticamente un'adulta, no?

La suoneria del mio telefono interrompe il momento di dolcezza tra me e Red: quando sullo schermo leggo il nome di Ben, un sorriso mi si allarga in volto. Rispondo.

«Allora?» chiede la voce affettuosa e beffarda del mio migliore amico. «Artù ha infilato la spada nella roccia?»

Ridacchio. «Direi che Artù ha trapanato la roccia per bene.»

«Sei disgustosa.»

«Lo so.»

2

La profezia di Bepi

Quando penso ai miei genitori, ogni tanto, provo una sensazione così fastidiosa che rischio di perdere la testa da sola: sento un forte peso al petto, e finisce sempre che mi ritrovo a disegnarlo su carta in mille forme e colori diversi per ricordarmi che è lì, è presente, sempre nello stesso punto e sempre straziante, come se qualcuno ci avesse messo la mano sopra e stesse facendo pressione per fare uscire qualcosa.

Ma cosa? Mi domando puntualmente. La maggior parte delle volte ad alta voce, perché tanto sono sempre sola nella catapecchia in cui vivo. (Non è vero, non è una catapecchia, è la mia casetta e le voglio bene).

Il panico che si forma quando la sensazione di soffocamento non mi passa, solitamente, dura pochi minuti, prima che la mia mente venga inondata dall'empatia e io veda nei miei genitori tutte le motivazioni che possono averli portati a essere… così come sono. Finisco per sospirare un «siamo tutti umani, in fondo», per poi procedere con la mia giornata.

Bisogna rassegnarsi al pensiero che una conversazione funziona solo se portata avanti da entrambe le parti, c'è poco da fare. Non puoi aspettarti risposte da chi non capisce neanche le tue domande.

«Eccola, la dottoressa!» sorride il signor Giuseppe, conosciuto da tutti come «Bepi», come circa il novanta per cento della popolazione veneta. Puntale alle 9:00 come ogni lunedì, mercoledì e venerdì. Sistemato e profumato, basso e minuto ma con un caratterino che solo chi ha vissuto senza essere mai stato messo al suo posto può avere. Un'assoluta gioia da avere intorno, insomma.

«Sii buono, Bepi, aspettami due minuti mente mi occupo di questa "paziente". Te ne sarei grata» rispondo, tornando a guardare l'anziana confusa davanti a me. «Sono quarantadue euro. Le serve una busta?»

La signora, grattandosi la chioma tinta di un interessante color azzurrino, mi guarda perplessa.

«Eh?» risponde poi, aggiustandosi con grazia quello che ha l'aria di essere un apparecchio acustico di ultimissima generazione agganciato dietro l'orecchio.

«Q-U-A-R-A-N-T-A-D-U-E-E-U-R-O» ripeto, con tutta l'educazione di cui sono capace, «P-E-R-L-A-S-P-E-S-A!»

«Ah! Potevi dirlo subito!» esclama, deliziata. Trattenendo una risata che minaccia di farmi esplodere i polmoni, procedo ad aiutarla a mettere dentro al sacchetto tutti i suoi acquisti.

Ovviamente, non è davvero una mia paziente, e io non sono una dottoressa, ma la semplice commessa di un discount di paese disperso tra le campagne venete, dove il cliente medio ha almeno sessant'anni e dove sospetto che alcuni prodotti siano ancora più vecchi dei clienti, a giudicare da quanta polvere c'è sopra. Prendetevi questo, mamma e papà: quanto vi piaceva strombazzare ai quattro venti che io e mia sorella saremmo diventate dottoresse o avvocate. Io invece sono una ribelle nata, e ho sempre saputo che la mia vera ambizione era insacchettare la spesa per adorabili vecchiette dai capelli celesti.

Non fatemi iniziare un discorso sui genitori emotivamente assenti e le aspettative irrealistiche nei confronti dei figli, sennò non mi fermo più.

«Quindi, novità? La mamma? Tua sorella? Tuo padre?»

Bepi, non mi fai fessa. So che andrai a riferire tutto al circolo dei pensionati con cui giochi a burraco.

«Tutto uguale, non è cambiato nulla da lunedì scorso. Se dovesse succedere, stai tranquillo e sereno che sarai il primo a saperlo.»

Il mio tono è sarcastico. Se fosse leggermente più furbo lo capirebbe, invece sorride soddisfatto mentre io inizio a strisciare i prodotti sul lettore.

«Le fragole che ho preso l'altro giorno erano insapori.»

Eccolo che parte all'attacco.

Signor Giuseppe, ha mai pensato che questo posto si chiami discount *per un motivo?*

Di certo il risparmio c'è per vari motivi e, azzardo, forse anche perché non si punta alla qualità migliore?

«Le fragole non sono ancora di stagione, Bepi» spiego con la pazienza che mi hanno donato alla nascita. Pazienza per gli altri, non per me stessa. Ma anche questa è una conversazione che non è il caso di approfondire ora.

«E allora che faccio? Le butto?» Quel tono, quel maledetto tono.

E quella sensazione al petto.

«No Bepi, prova a metterci dello zucchero per insaporirle. O altrimenti passa dal fruttivendolo qua vicino quando sarà stagione.»

E il signor Giuseppe i soldi li ha. Però ha il braccino corto, come tante persone benestanti.

Ricordo che una volta uscii con un ragazzo che non esiterei a definire «messo bene»: i genitori lavoravano in tv e lui aveva preso la stessa strada tramite tutti i loro agganci. Come prima uscita siamo andati a mangiare una pizza in un posticino consigliato da lui: carino e accogliente. E la serata è continuata bene, finché non è arrivato il momento del dolce: la pizzeria offriva piccole leccornie dolci e io, davanti a un tiramisù, non so proprio resistere. Due euro e cinquanta di tiramisù.

Abbiamo continuato a ridere e scherzare e, arrivati in cassa, ci hanno chiesto «alla romana?», lui ha guardato il ragazzo dietro al bancone dritto negli occhi e ha risposto «no, no, io pago solo la Margherita e la Coca zero. Il dolce non l'ho mangiato».

Certo, erano i suoi soldi. Ma poco più di due euro di tiramisù, con tutto quello che guadagnava!

Ho tremato quando si è proposto di riportarmi a casa: avevo paura mi chiedesse i soldi per la benzina. E ho passato il viaggio di ritorno a fare i calcoli.

Forse sono io la cretina, che guadagno una miseria e non mi faccio problemi per qualche euro?

«Si vede che tu ne fai abuso, di zucchero, considerando che continui a lievitare» esclama Bepi, scoppiando in una risata fragorosa. Io mi blocco.

Sento di nuovo lo stomaco contorcersi e, troppo focalizzata su quella sensazione, mi lascio andare.

«È buffo che tu abbia usato proprio la parola "abuso", visto sei stato denunciato dalla tua ex moglie per aver alzato le mani più volte dopo un *abuso* eccessivo di alcol» sputo con acidità. E poi, mannaggia a me, ridacchio. Non riesco mai a rimanere seria. Bepi diventa rosso come un pomodoro (anzi, come una fragola).

«Ma come ti permetti?»

Il vittimismo degli esseri come lui quasi mi fa tenerezza. *Oh no! Ti hanno ripagato con la stessa moneta? Poverino!*

«Signorina, non mi sembra professionale» si intromette un'anziana in fila per la cassa.

Sono pur sempre la giovane che non sa cos'è l'educazione: vorrei replicare che il mio lavoro è battere scontrini, non farmi insultare dai pensionati, ma le mie parole si perdono fra gli scaffali di prodotti sottomarca a pochi metri da me.

Alla fine, come quasi ogni settimana, il Signor Giuseppe annuncia che prenderà provvedimenti, io annuisco con la mente persa nel vuoto, lui raccoglie il suo sacchetto della spesa e se ne va. Venerdì Bepi potrà farmi sapere cosa pensano i suoi amici del burraco dei miei comportamenti.

Grazie a Dio stacco alle 14:30 e ho organizzato un appuntamento con Gianluca, un ragazzo con cui parlo via messaggio da un paio di giorni. È molto rapido nel rispondere e non mi lascia mai appesa: è una cosa che mi piace molto. Certo, si perde un po' nei «che fai?» ripetuti più volte durante la giornata, ma sicuramente meglio di chi sparisce e non si fa sentire per giorni interi.

Passo a casa per cambiarmi velocemente (oggi ho optato per dei pantaloni a zampa marroni, un maglioncino color panna e delle *platform* rosa a fiorellini) e mangiare qualcosa.

Red verrà con me e questo metterà sicuramente un po' di pressione su Gianluca. È lei il motivo per cui sono riuscita a convincermi a uscire da una relazione tossica in passato: posso accettare che tu non ti prenda cura di me, ma *non* posso accettare che tratti male Red, mi spiace.

Ora stiamo cadendo nel drammatico, forse non è giornata.

«Ma anche le gnocche piene di sarcasmo hanno i loro momenti no. Dico bene?» mormoro, grattando le orecchie a Red. Lei mi lecca la mano e non riesco a trattenere un sorriso.

«Oggi devi fare la brava, *a mamma*, okay?»

I suoi occhietti castani mi guardano mentre le infilo la pettorina e, in cuor mio, so già che tirerà come una dannata e cercherà le coccole da chiunque vedrà per strada.

Vallo a spiegare a un amante dei gatti come Gianluca. Io odio i gatti e tutte le persone che li osannano, ma non posso farci niente se mi piace che i cani vivano per il proprio padrone, che lo cerchino costantemente e ne abbiano bisogno. Cosa vuol dire che i gatti sono indipendenti e possono non voler essere accarezzati? Che gusto c'è a condividere le giornate con qualcuno per cui, evidentemente, tu non sei una necessità?

Mi do un'ultima occhiata allo specchio ed esco: so che Gianluca mi aspetta nel bar vicino a casa mia. È il mio posto preferito per i primi appuntamenti con i tipi che non mi convincono totalmente, come lui. Perché sì, è un bel ragazzo ed è disponibile, ma qualcosa non mi torna, una sensazione strana che non riesco a togliermi di dosso, e che non ha niente a che fare con le sue preferenze feline.

Sapevo che dovevo farmi leggere i tarocchi da Elisabetta, la ragazza che vive a due strade da casa mia (anche se tutti mi dicono che probabilmente sono l'unica cretina a pagarla, perché tanto usa i soldi solo per comprarsi l'erba; ma, onestamente, il servizio è sempre stato impeccabile). Non sarà sicuramente connessa al momento presente visto che è sempre strafatta, però è simpatica. E ci azzecca sempre. È stata Elisabetta a rivelarmi che parlavo con un uomo già impegnato. E sempre grazie a lei ho scoperto di non essere mai l'unica con cui tutti questi uomini parlano!

«Gianluca!» esclamo quando vedo i suoi capelli biondi da lontano. Red, sentendomi strillare, si agita di conseguenza e inizia a trainarmi verso di lui.

Sul volto di Gianluca compare un'espressione perplessa e scatta di lato quando vede la povera cagnolina avvicinarsi.

«Non ci provare!» le dice, evitando una leccata.

«Come sei drammatico» dico, alzando gli occhi al cielo; però lo invito a sedersi.

Anche il tavolino che ho scelto è lo stesso di sempre: esterno, di fianco all'entrata, così Red può sdraiarsi e io posso godermi questo clima quasi primaverile.

Io e Gianluca ci salutiamo come si deve e iniziamo una prima, strana conversazione.

«Hai hobby?» chiede, accomodandosi meglio sulla sedia.

Uffa, che noia. Sembra che stia ripetendo parola per parola i rompighiaccio delle *dating app*.

«Odio queste domande, mi riportano alle medie. Non possiamo fare un gioco?» rispondo.

Lui alza un sopracciglio.

«Che genere di gioco?»

«Beh... ho una lista di convinzioni che da alcuni potrebbero essere considerate controverse. Vorrei che tu mi dicessi la tua al riguardo.»

La mia lista viene utilizzata molto spesso: sono dieci domande, alcune un po' stupide e altre più serie. Mi servono a capire i valori della persona che ho davanti.

«Vai!» sorride. È molto carino, penso: più basso rispetto a ciò che mi aveva detto, ma ha un viso veramente bello, quasi angelico, un po' paffuto ma dolce, guanciotte colorate di rosso e pelle molto chiara. Gli occhi sono un mix tra l'azzurro e il grigio, e i capelli biondi da vicino sono quasi aranciati. In più, si è vestito parecchio elegante per un appuntamento (o forse sono io a essere abituata a ragazzi in tuta).

«Peli su una donna: sì o no? Puoi articolare la risposta se vuoi.»

«Una può fare quello che vuole. Anche se io, solitamente, preferisco una donna senza peli.»

Okay, onesto, le preferenze esistono. Non mi è sembrato scortese. Ho incontrato ragazzi che mi hanno risposto con «no, che schifo» e altri con «a me la donna piace solo se si cura».

«Una ragazza deve essere andata a letto con poche persone per essere considerata "valida"?»

Ci pensa un attimo.

«Nah, ognuno fa le proprie esperienze. Infatti non chiedo con quante persone sia andata una tipa prima di me.»

Okay, Gianluca, hai la mia attenzione.

«Finché non hai un migliore amico, tutto mi va bene.»

Ah. Eccoci.

«Per quale motivo?» gli chiedo.

Lui ridacchia, come se la risposta fosse ovvia.

«Non ti basta un uomo solo nella tua vita? Sai poi come siamo fatti. Nessun uomo sta vicino a una tipa se non per interesse personale.»

Fai un respiro profondo, Shailene.

«Scusami, ma tu vai a letto con tutte le tue amiche?»

«È capitato» ammicca, e avvicina una mano alla mia coscia. «Lo sai? Sei molto carina quando ti innervosisci.»

Starò mica ovulando? Non sono più connessa. Sto per rispondergli, quando si avvicina la cameriera. Ma non riesco nemmeno ad aprire bocca: Gianluca è più veloce di me.

«Prendiamo due Spritz, per me Select e per lei Aperol» dice alla cameriera. È allora che io mi ricompongo.

«A me non piace l'Aperol» ci tengo a fargli sapere.

Lui per tutta risposta scrolla le spalle.

«Non fare la bambina, è buono.»

«No, sto dicendo che non mi piace.»

Sembra contemplare le mie parole per un paio di secondi e, nella mia mente sognante, già lo vedo correre verso la cameriera per cambiare l'Aperol col mio amato Hugo... O forse sta per guardarmi in modo seducente per poi dire «vedrò di trovare un modo per farmi perdonare dopo», con tanto di occhiolino?

Beh, a quanto pare non lo scopriremo mai perché, come già sto iniziando a notare, c'è troppo silenzio per i miei gusti e il mio cervello sente il bisogno di colmarlo.

«Ho dei *daddy issues* parecchio intensi ma non andrei mai a letto con un uomo maturo» sbotto. Sicuramente un'informazione non scontata. «Mi ricordano tutti Babbo Natale».

Invece, Gianluca aggrotta le sopracciglia e dalle labbra gli sfugge solo un flebile «eh?».

La sua espressione inebetita mi intriga: proseguo imperterrita.

«Dai, non me l'hai chiesta ma ti faccio la classifica dei tre tipi di uomini da evitare, in caso un giorno tu dovessi riscoprire una parte di te a cui potrebbe interessare» aggiungo, sistemandomi più comodamente sulla sedia. E allungo la mano per invitarlo a non aprire la bocca e dire qualcosa di omofobo: alcuni uomini sono un po' come Red, devo addestrarli con la speranza che un giorno diventino animali addomesticati, da appartamento. Anziché randagi di strada, pronti ad andare a casa di chiunque allunghi loro un croccantino.

«Allora. Quelli alti si piazzano al terzo posto: in questa società tutti dicono "altezza mezza bellezza", ma, mio caro, quei centimetri extra sono *l'unico* modo che certi tipi hanno per stare più vicini al paradiso, con tutti i peccati che commettono.»

Un brivido mi percorre la schiena, anche se non mi spiego se si tratti di fascino o paura. Quelle dannate giraffe indemoniate. «Gli alti hanno un ego smisurato per colpa della società di oggi. Lo capisci o no, Gianluca?»

Lentamente, Gianluca annuisce.

«Beh... suppongo di sì» risponde, in tono vagamente cauto. «Noi ragazzi bassi veniamo scartati a prescindere... anche quando siamo simpatici e belli.»

Un uomo saprà sempre come rigirare un argomento in modo da poter parlare di se stesso. Senza preavviso, dal fondo della memoria riemerge un'uscita di anni e anni fa: un ragazzo di cui non ricordo nemmeno più il nome, una volta, si ritrovò davanti una me piangente. Io frignavo come una fontana, il mio povero viso pallido coperto di lacrime. Lui ne catturò una per farmela vedere, poi aprì la bocca e disse: «Sai che bevo 3 litri d'acqua al giorno? Mi aiuta molto, vedi che pelle che ho?» Ahimè, aveva ragione: aveva davvero una pelle pazzesca.

Scrollo la testa, costringendomi a tornare al presente.

«Se ti può consolare mia sorella mi chiama "Biancaneve" perché finisco sempre con ragazzi bassi» ammicco provocante.

Ahia. Gianluca non ride, quindi mi trovo costretta a continuare la classifica.

«Al secondo posto, comunque, ci sono quelli con i soldi. Perdono il contatto con la realtà e pensano di poter fare e ricevere tutto ciò che vogliono.»

In quel momento arriva la cameriera col mio (disgustoso) Aperol Spritz: lo butto giù alla velocità della luce, nella speranza che almeno faccia il suo lavoro da alcolico nonostante la mancanza di buon sapore. «Ragazze pazzesche che accettano di uscire con questa seconda categoria di tipi per… cosa? Una cena gratis? Qualche regalo?»

«Penso ci guadagnino entrambi in quel caso.»

«Tu dici?»

La sua risposta è seguita dalla rimozione dell'oliva dal suo Spritz, che viene tristemente arrotolata in un tovagliolo e buttata.

Un'oliva sprecata. Mi ci rispecchio.

Entrambe destinate a bocche che non ci comprendono.

Siamo anche entrambe rotonde.

«È un discorso un po' articolato, Shailene» riprende Gianluca, riportandomi a noi due «e ti vedo un po' persa… però, se vuoi, vai pure avanti con la classifica.»

Mi ha chiamato per nome.

Mi piace quando qualcuno mi chiama per nome. È come se creasse una connessione tra di noi. La sento come una cosa intima. O mi fa sentire *vista*? Forse mi conferma che esisto, che sono effettivamente qui con me.

«…Che poi, hai proprio un bel nome. Devi raccontarmi un po' la sua storia.»

Una cosa alla volta, Gianluca.

Certo che qui gli Spritz non li fanno leggeri.

Alzo un dito per fermarlo nuovamente.

«Prima la classifica» lo ammonisco. Lui annuisce.

«Bene. Per concludere, al primo posto ci sono i bravi ragazzi. Cioè: quelli che sembrano buoni e disponibili, ma che poi si rivelano maledetti stronzi manipolatori» dico velocemente, inacidita. «Magari neanche ti piacevano ma ti fidi perché "hey! È un bravo ragazzo!" ma, scusami per il francesismo...»

«Figurati, mi sembra te ne siano scappati un paio» ridacchia.

«...te lo mettono in culo.»

Sembra ancora divertito. Forse è il mio tono a rendere la cosa divertente, o la mia faccia? Molte volte mi dicono che le mie espressioni sono buffe ed è difficile prendermi sul serio.

«"Shailene", comunque, penso venga da una vecchia telenovela o da un programma americano di anni e anni fa. Vorrei poterti dare una risposta sicura, ma mia madre è una bugiarda patologica e non so mai quanto di quel che mi racconta sia effettivamente vero e cosa no» dico, scrollando le spalle. «Una volta convinse me e mia sorella di essere stata con Pupo da giovane. Quando, in realtà, lui l'aveva solo salutata durante un concerto.»

Le mie parole sono come fumo in una stanza con le finestre aperte: sono scure e grandi all'apparenza, ma occupano spazio per poco tempo, e poi si dissolvono. Finisci per domandarti se ci siano effettivamente mai state.

Gianluca, comunque, non sembra darci troppo peso, perché passa subito a raccontarmi della *sua* famiglia, del *suo* percorso universitario, dei *suoi* viaggi nel mondo, delle *sue* relazioni.

E io bevo altri due bicchieri. O forse tre?

Diventa sempre tutto più confuso in questi momenti, quindi non so dire come sia effettivamente passato il tempo. Ho annuito e ascoltato e lui ne è sembrato molto compiaciuto.

Non pensavo fosse così chiacchierone.

Mi sono anche offerta di pagare io il conto, per mostrargli la mia gratitudine per la compagnia che mi ha fatto, anche se, probabilmente, domani mi sveglierò e me ne pentirò. Mi ero ripromessa di risparmiare e sto già fallendo miseramente.

Le parole diventano presto risate, che a loro volta si trasformano in versi sui sedili posteriori dell'auto di Gianluca.

Una Mini Cooper rossa col tetto bianco. Un po' piccola e sicuramente, all'apparenza, molto modaiola.

Ci vedrei uno dei miei amici portarmi al gay club. Sempre senza generalizzare.

Ma alcune cose ne richiamano altre.

Red è stata riportata a casa dalla mia vicina Pasqualina, che, in momenti come questi, corre con le sue esili gambe da settantenne pensionata in mio soccorso (o, meglio, in soccorso del cane). Appena la chiamo, si materializza nel giro di pochi minuti. Sono sicura che per lei sia anche una scusa per uscire di casa. Chissà quanto spesso resterebbe senza nulla da fare, se non fosse per me?

Certo che sono proprio senza speranza. Sono qui con Gianluca, e riesco a pensare solo a Pasqualina. *Resta nel momento, Shailene!*

«Fai piano» dico. O forse sussurro? Perché lui non sembra sentirmi. Anzi, sembra andare più forte. Chiudo gli occhi e sospiro. Sento una lieve pressione sulla fronte: nella foga del momento, devo averla battuta contro il sedile.

Da piccola segnai la mia fronte il giorno del mio compleanno: stavo giocando ad acchiapparella con mio zio, solo che scivolai e sbattei la testa sullo spigolo della porta. Mi procurai un taglio di quasi tre centimetri.

Mi ricordo che, spaventata, cercai subito lo sguardo di mio padre: in tono seccato accettò di portarmi all'ospedale appena concluso il film che stava guardando.

Andò a finire che in ospedale mi ci portò mio zio.

E a pensarci bene, accadde lo stesso anche quando mia sorella, ancora più piccola di me, cadde dalla sedia e si «spaccò la testa». Sarah piangeva e perdeva molto sangue da un taglietto sulla nuca.

In quell'occasione, mio padre uscì da camera sua e disse: «Io ormai la macchina l'ho portata in garage, andiamo dai miei» e con tranquillità ci fece incamminare tutti verso casa dei nonni.

Forse alcuni uomini non capiscono il dolore? O lo ignorano? O magari hanno solo il dono della calma?

E proprio mentre me lo chiedo vengo presa per la gola e portata ancora più vicina a lui che, dietro di me, sembra inarrestabile.

«Sei bellissima, ti fai fare di tutto, dove sei stata fino a ora?» ansima nel mio orecchio e io sorrido, mordendomi il labbro.

«Oh sì, era un animale» ridacchio, prendendo la tazza di tè caldo che mi sta porgendo Benedetto.

«Mi ha presa, girata e rigirata come più desiderava, come un calzino, come una frittata… insomma, il solito.»

Lui alza gli occhi al cielo e si siede di fianco a me col suo yogurt greco stretto tra le mani.

Benedetto è una *almond mom* fissata col movimento e l'alimentazione sana, ma intrappolata nel corpo di un ventenne. Tutto in lui grida «sano». Se si esclude la sua salute mentale.

«Le gioie sempre agli altri» commenta acido, ma so che sta scherzando. La nostra ironia è sempre molto velata.

«Sai come si dice? Il pane a chi ha già la pancia piena» ribatto, improvvisando un proverbio.

Lui indica la mia pancia. «Ah, sì, continua così e vedrai come riderai quando non ti si chiuderanno più questi pantaloni.»

«Tranquillo che ciò che mi interessa riuscirà a entrarci lo stesso» ridacchio, e incrocio il suo sguardo per fargli un occhiolino.

Ma lui si porta una mano al petto e, con aria drammatica, indica l'orologio. Guardo confusa il quadrante: «19:12?»

Un verso sofferente lascia la sua bocca. «Ma non vedi? 1912!» *Oh, non di nuovo.*

«Shailene, te lo dico un'altra volta. In una vita precedente sono morto nel naufragio del Titanic, *devi* credermi! Ogni giorno questo numero mi tormenta» dice, chiudendo gli occhi e lasciando che la testa ricada drammaticamente sullo schienale del divano su cui siamo seduti. «Ero sicuramente un nobile, sofisticato, rispettato. Mi sarò sacrificato per salvare donne e bambini.»

«Sì, come no. Ma se mi avresti lasciata affondare senza rimpianti!»

«Da una balena ci si aspetta che almeno sappia nuotare, no?»

«E da un *twink* che voli via col vento.»

Ben è molto alto, più di un metro e ottanta. È grazie a lui se so per certo che uno dei miei ultimi *date* ha generosamente aggiunto una ventina di centimetri alla propria altezza sulla bio dell'app d'incontri.

Anche perché io arrivo a malapena al metro e sessanta, quindi quasi tutti sono alti più di me… ma difficilmente arrivano al metro e ottanta così spesso millantato.

Guardo il mio migliore amico: i capelli sono di un castano molto scuro, che risulterebbe quasi nero se non fosse per quel sottotono così caldo. Gli occhi, dello stesso colore, risultano sempre un po' addormentati, stanchi: se non lo conoscessi tanto bene, penserei che è seccato ogni volta che gli rivolgo la parola.

La combo baffo e pizzetto gli dà un'aria quasi da latino, ma la pelle chiara (che spesso definisco cadaverica) lascia intuire che le origini non sono quelle. Anche questo tratto, insieme ai canini molto visibili, lo porta ad affermare di essere stato un aristocratico vampiro in un'altra vita.

E quindi, se nelle vite passate è stato un passeggero del Titanic e un vampiro, in questa è un semplice ragazzo di ventidue anni che non ha ancora capito cosa vuole fare nella vita: ha lasciato la Toscana anni fa per trasferirsi nel piccolo quartiere in cui vivo e ricominciare «da capo», facendo lo studente pendolare verso Padova quando ne ha voglia (ossia: molto raramente).

Poteva venire a vivere da me? Sicuramente. Ma se stiamo troppo insieme rischiamo di litigare, quindi abbiamo optato per una sana distanza.

Va a finire che ci incontriamo quando serve, e ci godiamo il nostro spazio il resto del tempo. Ma se ho bisogno di lui, so sempre che c'è.

Adesso la sua espressione cambia: l'ironia lascia il suo tono di voce, che si fa più serio.

«Pensi di incontrarlo di nuovo?» chiede. Io scrollo le spalle.

«Non gliel'ho ancora chiesto.»

«Ma lascia che te lo chieda lui.» Mi fulmina con lo sguardo. «Non hai pagato per lui, vero?»

Non faccio neanche in tempo a rispondere perché lo capisce dal mio sguardo. «Ah, bene! Questo cretino è tornato a casa con il *cuore* leggero e il portafoglio pieno.»

«E io riempita ma col portafoglio vuoto.»

Ben non ride, si alza solo di scatto e cammina verso il salotto, lasciando il suo povero yogurt greco con 0% grassi sul tavolino in legno davanti al divano. «Collega il telefono al televisore, te lo trovo io un uomo vero che può offrirti uno Spritz.»

Quattro, in realtà. Ma non mi sembra il caso di correggerlo.

Deduco che passeremo la serata giocando a *Smash or pass* scorrendo i profili degli uomini sulle app d'incontri.

All'improvviso, Ben scatta in piedi.

«Ma che fai?» domando.

Per tutta risposta, lui inizia a fare degli squat. «Sono le sette e mezzo. È il momento dell'allenamento, non mi guardare!»

Annuisco. «Non sia mai!»

«Come disse il vecchio saggio: chi semina squat raccoglie culoni.»

Le risate riempiono la stanza, che di colpo sembra molto più luminosa.

3

Il peggior citofono del mondo

Ci sono poche cose al mondo che mi fanno uscire di testa: la gente che morde il gelato; sfiorare gli oggetti quando la crema sulla pelle non si è ancora asciugata; essere ripetutamente interrotta mentre sto facendo qualcosa; sentirmi dire «ma *come*, non te lo ricordi?»; il silenzio punitivo; e, soprattutto, essere svegliata prima della sveglia dal suono di quel dannato campanello.

È vecchio quanto questa baracca e, anche se non so se esistano campanelli dal suono piacevole, questo è sicuramente la cosa più simile a ricevere una scossa elettrica che qui si possa sperimentare. Fa venire il batticuore per quanto è forte e stridulo.

«Gesù!» grido, saltando giù dal letto. Ciò non mi sprona a correre ad aprire, sia chiaro: io non corro neanche quando rischio di perdere la coincidenza del treno. Preferisco aspettare in stazione per un'altra ora pur di evitarmi quella maledetta sensazione di malessere.

«Dai, corri, sennò perdiamo il treno!» mi sono sentita gridare non so quante volte nella vita. E la mia risposta è stata sempre la stessa: scuotere la testa già rassegnata, dicendo «faccio già finta di averlo perso, tu vai pure».

Non c'è spirito di squadra che tenga in quella situazione. Li lascio volare via come rondini in primavera.

Così adesso cammino fine all'entrata e, aprendo la porta, sento una voce bassa e dolce che chiede «hai nominato il nome di Dio invano?»

Ridacchio. «Pasqualina!»

Abbraccio il suo corpo esile e la invito a entrare in casa insieme a Red, attaccata al guinzaglio che Pasqualina tiene stretto nella mano rugosa. «Grazie per avermela tenuta nonostante il poco preavviso.»

La sua dentiera luccica e i suoi piccoli occhi azzurri si chiudono in due fessure. «Tesoro, sai che lo faccio volentieri. Red è una bella compagnia.»

Me lo ripete sempre, ma ciò non mi fa sentire più leggera. *Anche perché, per quello, servirebbe un miracolo.*

Accarezzo la piccola cucciola dorata mentre osservo la mia anziana vicina di casa farsi spazio verso la tavola ancora in disordine. «Posso darti una mano a pulire... se vuoi.»

E più che una richiesta sembra una constatazione, dato che le sue mani si stanno già muovendo veloci tra i rifiuti e le stoviglie.

Alzo gli occhi al cielo. «Certo che tu la pensione non te la vuoi proprio godere! Mi spiace che tu debba vedere questo schifo, ma non prenderti il disturbo, sul serio.»

Lei scuote la testa in segno di disapprovazione, continuando a ripulire il tavolo dalla montagna di oggetti accatastati sopra, e sporgendosi per raccogliere qualche capo di vestiario abbandonato sullo schienale di una delle sedie. «Pensi sempre di essere un peso, Shailene.

Come mai?» si blocca un momento, estraendo un mio slip da sotto una pila di riviste. Ma non giudica, è solo confusa. «Farsi aiutare non è una cosa brutta. Io per te lo faccio volentieri, ti voglio bene.»

Mi scappa una risata. «La vedi un po' più drammatica rispetto a quel che è: sono disorganizzata, pigra e procrastinatrice. La triade della zozzeria.»

Accenna un timido sorriso. «Beh, in ogni caso, mi va di pulire. Anzi, se non ti dispiace, vorrei passare un po' la mattinata in compagnia.»

A volte dimentico che Pasqualina non è solo una nonnina *supercool* in pensione, ma è anche vedova e sola.

Mi verrebbe da dire che la famiglia l'ha abbandonata un po' a se stessa dopo la morte del marito, ma non sono certa che le cose stiano esattamente così: mi dà l'aria di essere una donna molto indipendente. Mi ha accennato al fatto che che ha combattuto anni per poter lavorare: fare la fioraia era il suo sogno. So solo che ha iniziato poco dopo i cinquant'anni e ha continuato finché ha potuto, sei anni fa.

Ora di anni ne ha settantasei e vive nella sua piccola casetta con giardino, piena di fiori e ornamenti fatti da lei.

Ama l'arte in tutte le sue forme. Crea di tutto e di più: casette per gli uccelli (le ho chiesto di farne una con le mie sembianze, ma non ha capito il doppio senso e mi sono sentita quasi in colpa ad averglielo chiesto); piatti e tazze; bambole di pezza; decorazioni floreali e tanti quadri.

Una volta ha anche cucito una bambola con le mie sembianze, anche se era ben lontana dal mio aspetto.

«Ho ricreato la tua anima» mi aveva detto; io avevo risposto, «mi stai dando della poppante, Pasqualina?»

Ma quella bambola la conservo ancora. Non so bene dove, perché sono fin troppo disordinata, ma so che è qui, da qualche parte in casa.

So che Pasqualina ha dei figli e dei nipoti ma che vivono tutti in Svizzera, dove è stata anche lei per la maggior parte della sua vita. Dopo la morte del marito, avvenuta due anni fa, è venuta qui a Castel del Buso: un paesino calmo di campagna, dove gli abitanti seguono la routine di lavoro, casa e chiesa.

Ciò non rende i suddetti abitanti più piacevoli, sia chiaro.

E infatti Pasqualina non è riuscita a inserirsi troppo nel contesto sociale: non partecipa alle assemblee comunali o parrocchiali… «Se voglio vedere gente che recita, piuttosto mi guardo un film» ha commentato quand'è tornata dalla sua prima (e ultima) riunione in oratorio.

E non ho potuto far altro che darle ragione. Ho incontrato le persone peggiori della mia vita tra queste strade, e molte di loro camminano ancora sorridendo, come se non avessero mai fatto niente.

Mentre Pasqualina continua nella sua operazione di bonifica del mio salotto, mi sembra quasi di riuscire a vedere gli ingranaggi del suo cervello muoversi a tutta velocità, probabilmente alla ricerca del modo migliore di instillare anche in me l'amore per la pulizia.

«Se vuoi ti faccio un piano settimanale che ti può aiutare a pulire con più serenità» propone.

«Dieci minuti al giorno pesano molto meno di tre ore tutte d'un colpo, quando hai accumulato tante faccende ancora da finire…»

Annuisco. *Bellissima idea. Ma persona sbagliata.*

Ci ho provato mille volte, giuro: ci sono giorni in cui la casa è quasi decente, ma poi chiudo gli occhi un secondo e torna un porcile.

Faccio per rispondere a Pasqualina, ma il mio cellulare ronza e lo schermo si illumina.

"Quando pare a te mi richiami."

Leggo il messaggio sullo schermo e lo osservo per un paio di minuti.

«È il ragazzetto di ieri?» domanda Pasqualina curiosa, guardando verso il telefono. Scuoto la testa.

«No, lui non si è ancora fatto sentire. La mia prestazione l'avrà lasciato senza parole.»

Lei ridacchia. «Ah, gli uomini piccoli piccoli hanno paura delle donne più grandi di loro.»

Alzo il sopracciglio.

«Beh, effettivamente…»

Mi interrompe prima che la battuta esca dalle mie labbra. «Intendevo più grandi *d'animo.*»

«Sei così drammatica» canticchio, immaginandomi già protagonista di *Sepolti in casa,* edizione: casa mia. Però prima guardo Red.

«Ha mangiato?» chiedo, facendo un cenno in direzione della mia cagnolina.

«Mangiato, giocato, corso…» inizia a elencare l'anziana.

Pasqualina adora Red. Ha scaffali e cassetti di cibo e giochi solo per lei, per essere sempre pronta in caso venisse a trovarla. E non parliamo di cibo per cani economico, perché la mia cagnolina è esigente, ha lo stomaco sensibile e le servono crocchette specifiche.

Pasqualina ha iniziato a tenere in casa scorte per Red senza che io le chiedessi niente, e mi fa strano perché non capisco cosa ci guadagni.

Mia madre, prima che se ne andasse, diceva che si sentiva in trappola quando le chiedevo di guardarmi Red per un paio d'ore mentre andavo al lavoro o fuori con qualcuno. Ed era il cane di sua figlia.

Non capisco come Pasqualina se la sia presa così a cuore nonostante ci conosca solo da relativamente poco.

«Si capisce com'è fatta una persona da come tratta gli animali» mi ha detto la prima volta che ci siamo viste. Red era convinta che il nano da giardino posto di fianco all'entrata della casa dell'anziana fosse un pericolo e, con la coda tra le gambe, aveva iniziato ad abbaiare.

Lei, ridacchiando, l'ha salutata, l'ha accarezzata e, passeggiata dopo passeggiata, siamo entrate sempre di più in confidenza. È iniziato a settembre dell'anno scorso; ora siamo a marzo. Sembro vecchia se dico «come vola il tempo»?

La mia suoneria mi fa sussultare. Mi basta leggere il nome "Sabina" sullo schermo per rovinare la leggera serenità che mi aveva portato questo incontro mattutino.

Pasqualina mi guarda stupita. «Non rispondi?»

Le mostro lo schermo e la vedo strizzare gli occhi per leggere meglio. «Ancora lei?»

Annuisco, e sono grata a Pasqualina perché non aggiunge quella frase da film che tutti amano ripetere: «vabbè, rispondi, è sempre tua madre».

Torna il silenzio solo per un paio di secondi prima che la suoneria ricominci a trillare.

Alla fine, rispondo. Ma è solo perché nella mia mente si è fatto strada un bel pensiero intrusivo: *e se fosse successo qualcosa?*

«Che c'è?» sbotto acida, portandomi il telefono all'orecchio.

«Finalmente!» la voce risuona dolce, morbida. Quasi spezzata da quello che sembra un pianto. «Come stai?»

Controllo lo schermo per essere sicura che sia proprio lei. «Bene. Tu?» rispondo in automatico. Nessuna emozione traspare dalle mie parole.

«Se ti interessassi più spesso lo sapresti... ma sembra che io non sia degna neanche di un messaggio o una chiamata per chiacchierare...»

Ah, eccoci. Mi stavo già preoccupando che fosse stata sostituita da una sosia gentile e premurosa, e invece eccola, in tutto il suo splendore.

«Beh, stiamo chiacchierando adesso.»

«Ah, certo, solo perché ti ho chiamata! Ma se non mi facessi sentire io, a te non fregherebbe niente... Se mi succedesse qualcosa, neanche lo sapresti...»

«Ci dovevi pensare due anni fa, Sabina» taglio corto. «Quindi? Perché mi hai chiamata?»

E non riesco a trattenermi dall'aggiungere: «E comunque anche a me potrebbe succedere qualcosa, però io sarei sola, al contrario tuo».

«Ancora con questa storia? Sai che correrei se dovessi avere bisogno di me!» grida. Ecco, forse odio tanto il mio citofono perché mi ricorda troppo la sua voce: stridula, fastidiosa e alta per nessun motivo specifico.

«Certo, perché se dovesse succedermi qualcosa di grave, tranquilla e serena che la morte attenderebbe te che percorri la tratta Piemonte-Veneto con i tuoi amati treni regionali.»

Lei sospira drammatica. «È il mio compleanno.»

Sia mai che porti avanti un discorso senza cadere nel vittimismo.

«Tanti auguri. Vai a godertelo con l'amore della tua vita e la tua nuova famiglia, no?»

Lo so, lo so, colpo basso. Ma non sopporto questa folle ricerca dell'amore vero a cui mia madre ha dato inizio quando ha divorziato da mio padre, dodici anni fa. Sarà anche che in pratica erano già separati in casa quando io e Sarah siamo nate. Già stare dietro a una figlia sembrava difficile per una coppia di persone come loro, figurarsi *due* figlie, gemelle poi (eterozigote, certo, ma pur sempre gemelle).

Praticamente è come se fossero stati single per un decennio.

Mia madre, soprattutto, quando è tornata single per davvero ci ha dato dentro; ho sempre pensato che il primissimo sia stato proprio il suo avvocato divorzista.

«La mia paura più grande è morire da sola» ci ha sempre ricordato. Che è strano, detto da una madre. *Sola?*

Così abbiamo iniziato a sorbirci storie su storie, a vedere uomini presentarsi senza poi tornare più, a osservare il suo umore cambiare a seconda di come procedeva la frequentazione amorosa del momento.

Ma, in un certo senso, eravamo già preparate fin dall'infanzia, perché Sabina è sempre stata così: se stava male lei, dovevano stare male tutti. Solo che non lo comunicava ad alta voce. Lo capivi tramite sguardi, sensazioni, linguaggio del corpo.

L'ho vista perdersi via per gli uomini più inutili del mondo, i più egocentrici e viscidi. L'ho vista fingere interesse per cose che non le interessavano nemmeno lontanamente pur di tenerli al suo fianco.

La usavano finché volevano, tanto lei era sempre disponibile. Non so come potesse vedere amore in tutto ciò. O come potesse sperare di trovarlo.

E tra l'altro con gli anni si è inasprita sempre di più, perché ha iniziato ad accorgersi che io e Sarah risultavamo un peso: non poteva uscire quando voleva perché non poteva lasciare due bambine piccole a casa da sole, e questo non per amore filiale, ma per evitare di dare a nostro padre ragioni in più per mettersi contro di lei.

Sono sempre stati loro i due bambini troppo cresciuti, pronti a farsi uno sfregio l'un l'altro.

Finché finalmente, dopo anni di ricerca, mia madre ha pescato online un cretino disposto a tenersela a casa e a mantenerla: così, senza preavviso, un giorno ha fatto le valigie e si è lasciata tutto alle spalle per andare a vivere con lui.

Quindi, sì. Che si goda il suo compleanno con la nuova famiglia.

«È la *sua* famiglia. Io ho due figlie» si lagna lei.

«Avevi» la correggo, e chiudo la chiamata.

4
Eremita e Torre

«Oh, no!» grido alzandomi da terra, rischiando subito di perdere l'equilibrio. Mi porto drammaticamente una mano al petto e chiudo gli occhi.

Inspira... brava. Ora espira.

«Non di nuovo» dico tra i denti.

Sento una risata partire dalla matta che pago, comodamente seduta sul pavimento di casa sua con davanti, in bella vista, i tarocchi che sta leggendo per me.

Il suo appartamento è un mix tra una cantina di tossici e un negozietto esoterico: piante ovunque (e con questa scarsa illuminazione mi viene da pensare che siano finte, o che abbiano sviluppato una qualche mutazione che permette loro di vivere senza luce), cristalli, gioielli, libri di magia impilati su scaffali all'apparenza molto antichi e un'aria talmente satura d'incenso che la prima volta che sono entrata qui sono dovuta uscire dopo solo una manciata di minuti, a prendere aria.

Ora però vengo qui abbastanza spesso da considerarmi più forte, resistente, forgiata. O semplicemente rassegnata.

E non per alimentare ancora gli stereotipi ma, quando entro qui, tutto è sempre già in penombra. Solo qualche candela tremolante mi permette di vedere ciò che ho intorno ed evitare di inciampare su uno dei suoi inutili gatti. Quello con cui la guerra è davvero aperta si chiama Merlino e sono sicura mi odi. Ma può stare tranquillo e sereno che il sentimento è ricambiato.

L'atmosfera potrebbe risultare lugubre per chi non conosce Elisabetta. Un fattone la chiamerebbe *chill*.

Io però sono stata in bagni di uomini che dicono che la loro mamma non hai mai insegnato loro a pulire, e dubito che qualcosa possa spaventarmi più di ciò che ho visto lì.

«Quando vedo la Torre e l'Eremita nella stessa stesa non va mai bene» ricordo a Elisabetta con voce grave. Accadde anche col mio ex, prima che ci lasciassimo. Passai dei mesi d'inferno.

E ancora sono stupita di esserne uscita viva.

Elisabetta ride di nuovo. *Ma che ti ridi?*

«Ne sei consapevole, Shailene» dice col suo solito tono da strega paziente. «Devi cambiare, ritrovarti. E oggi potrebbe succedere qualcosa di imprevedibile, che farà crollare questa finta stabilità che ti sei costruita.»

Tutto sommato, Elisabetta è dolce. Se non fossi innervosita dal pensiero che l'appuntamento andrà male la vedrei come un piccolo cerbiatto che mi guarda con amore.

Sì, dev'essere semplicemente fatta. Ma come ogni volta, con calma, cerca di ascoltarmi e trovare una soluzione ai miei problemi.

Peccato che io odi mettere la soluzione in atto. Preferisco andare con il *flow*.

«Un *nonchalant dreadhead* mi porta al cinema, spiegami cosa potrebbe andare storto?!»

Il candidato di stasera si chiama Sam, ventiquattrenne con origini senegalesi. Ottimi gusti musicali, stile curato. Dreadlocks fatti bene.

Per messaggio ho scoperto che è: sarcastico, bravo conversatore, musicista. Le ha tutte.

«All'apparenza, niente.» Elisabetta indica i tarocchi. «Il crollo che vedo mi sembra più dentro di te.»

«Sai bene che dentro di me dovrebbe esserci solo una cosa alla fine di questo appuntamento.»

Scuote la testa e i riccioli castani la seguono in modo quasi buffo.

«Non accadrà.»

«Non gli piacerò?» rimango a bocca aperta. *Mi vuole far venire un infarto oggi?*

«Al contrario, gli piacerai molto.» Mi indica le altre figure disegnate sulle carte. «Ma c'è qualcosa che accadrà stasera e che cambierà totalmente l'energia di questo appuntamento.»

«Mia cara» dico, in tono teatralmente minaccioso, «sto ovulando. L'unica cosa che cambierà sarà la mia posizione a letto.»

Lei scrolla le spalle. «Shay, non ti sto fermando dal fare quello che desideri. Anzi, io sono felice che tu possa tornare in contatto con le tue emozioni, visto che solitamente non accade.»

«Eremita e Torre, Elisabetta» ripeto, alzando l'indice come una maestra puntigliosa. «Questo non è tornare in contatto con le emozioni, questa è l'anticamera di una punizione divina!»

Mi risiedo: stare in piedi mi rende nervosa.

Mi sembra che mi tremino le gambe. Forse sto per svenire. *Dovrei chiederle dello zucchero?*

Ma no. Meglio cambiare argomento.

«Aggiungerei anche che quasi tutti gli Dei che distribuivano punizioni erano degli zozzi, stupratori e probabilmente con tratti narcisisti. Che senso ha punire il prossimo quando hai i tuoi panni sporchi a casa? Mi sembra una follia.»

«E, dimmi... che ne è dei panni sporchi a casa *tua*?»

«Non mi pare proprio che questa domanda fosse nelle carte!»

5

Nonchalant dreadhead

«Ti piace il calcio?»

Nessuna esitazione, Shailene. Devi essere spigliata, veloce e decisa.

«Oh sì, lo amo!» rispondo veloce. «Uomini che corrono dietro a una palla per novanta minuti? Stai scherzando? Un sogno! Io a volte ne inseguo due alla volta… anche se a stento, per pochi minuti.»

Okay, l'ultima parte potevo evitarmela, ma sento la pressione addosso e questo mi spinge a parlare più del previsto.

Di ritorno dalla casa della mia cartomante di fiducia, mentre mi preparavo, ho pensato a tutti i modi possibili per evitare il destino predetto dalle carte. Sono arrivata alla conclusione che, se assecondo lui, dovrei essere al sicuro. In fondo, cosa ama un uomo più del parlare di se stesso e dei suoi hobby?

E quanti uomini vogliono effettivamente parlare prima di andare a letto insieme? Pochi, veramente pochi.

Oltretutto, c'è di mezzo anche la durata del film, durante il quale probabilmente si aspetta che ci stuzzicheremo. Dopo, dovrebbe essere tutto in discesa.

Sam è un po' perso nel suo mondo, da quel che ho potuto notare negli ultimi trenta minuti. Forse è semplicemente un tipo tranquillo; però è così sereno da risultare distaccato.

Come se non bastasse, poi, è molto più bello rispetto alle foto: quando l'ho visto penso di essere arrossita. Avrebbe potuto tranquillamente fare il modello, e invece ha deciso di intraprendere una carriera musicale che non crede possa dare grandi frutti.

In caso dovesse farmi ascoltare qualcosa (spero davvero che non succeda: che *cringe* starsene impalata con un sorriso di circostanza in faccia, a sentire qualcuno che canta per te), ho già deciso di dirgli che sarei volentieri la sua prima groupie. A prescindere dalla qualità della musica.

«E ce l'hai un giocatore preferito?»

Il tono è piatto. Forse si tratta davvero solamente di un ragazzo riservato.

«Tu vali?» ammicco.

Finché avrò fiato in corpo, manipolerò sempre le conversazioni a mio favore. Giochi di parole, allusioni. Sono la mia ancora: mi salvano dal sembrare impreparata o smemorata. Un successo anche stavolta: Sam ridacchia (sulle guance gli spuntano due fossette deliziose) e scuote la testa. Non dice altro.

Ecco, questo di solito è il momento in cui faccio qualche commento stuzzicante, per scaldare un po' la situazione. Ma siamo appena arrivati nella sala in cui proietteranno il film che abbiamo scelto, e non vorrei rischiarmela chiedendo qualcosa di poco opportuno. Così mi guardo un po' intorno: il cinema è molto vecchio, e in certi punti addirittura cadente. Le poltrone sono rosse, scomode e senza numerazione (ma ci sono così poche persone in sala che escludo la possibilità di litigate da «posto mio/posto tuo»).

Lo schermo sembra più un proiettore acquistato online a massimo trenta euro. L'illuminazione è scarsa e fredda, rendendo la situazione ancora meno rilassante.

Noto un po' di polvere nei posti meno scelti e della muffa agli angoli dei muri. L'unica cosa gradevole è l'odore di popcorn, burroso e salato.

Non li mangerei mai qui, sia chiaro: il macchinario non sembra essere stato lavato dagli anni Novanta. Ma mi godo lo stesso il profumo.

Come quelle bottiglie d'acqua aromatizzate che ingannano l'olfatto per far credere al cervello di bere succo di frutta.

E invece è solo acqua. Vale lo stesso per me ora, ma con l'aria.

Eppure, nonostante le 148 recensioni negative online, Sam ha scelto questo posto. Ed eccoci qua.

Avrei potuto proporre il cinema a quindici minuti da qui e vivere un'esperienza più civile? Sicuramente.

Ma oggi non potevo rischiare.

«Spero sia un bel film» dico, girandomi verso di lui. «Ultimamente propongono cose veramente oscene o remake di remake di remake... Sarà anche che la mia soglia dell'attenzione è veramente bassa e che devo essere stimolata nel modo corretto per gradire qualcosa.» Ridacchio. Saranno anche le app ad averci ridotto così, ma io non ho mai fatto nulla per migliorarmi.

Aggiungiamoci anche i miei problemi di memoria: i thriller non li capisco mai, perché mi dimentico sempre i nomi e i ruoli dei personaggi, non ricordo gli indizi e, per quanto mi sforzi, non ce la faccio proprio a credere che il detective musone riesca sempre a conquistare la ragazza.

Sam si limita a sorridere, senza staccare gli occhi dallo schermo: i titoli di testa scorrono velocemente, e finalmente inizia il film.

«Oh, questo attore lo conosco!» indico lo schermo. «Sai che è stato cancellato per non aver usato i pronomi neutri parlando dell'arancina siciliana? Io uso il femminile perché mia madre è di Palermo, sia chiaro.»

Il mio flusso di parole viene bloccato da un rabbioso «Shh!» proveniente dalle file dietro.

Mi giro, indispettita e pronta a litigare, anche se non è la prima volta che qualcuno mi rimprovera perché uso un tono di voce troppo alto.

«Parli un po' troppo durante i film, sai?» dice Sam. Mi blocco.

Troppo.

Rimango senza parole. Torno a girarmi verso lo schermo, chiudo la bocca e cerco di concentrarmi sui visi e i corpi che si muovono davanti a me. Ma è inutile, non vedo niente: il mio sguardo si è perso in un punto nero, lontano.

Non sono più in uno squallido cinema di provincia.

Sono a scuola, seduta al mio solito banco.

Il mio compagno Andrea mi guarda scrivere mentre se la ride con gli altri ragazzi in classe. Ho solo dodici anni, gli occhiali sono neri e spessi, i capelli biondo cenere mi incorniciano il viso.

I miei denti sono troppo storti per ridere o parlare senza coprirmi la bocca. Sennò mi direbbero qualcosa, di nuovo.

Ma sono comunque *troppo*: troppo silenziosa, troppo strana, troppo invisibile. Troppo brutta per essere trattata con umanità.

E continuo a esserlo a quindici anni, quando mi chiedono di alzare le maniche perché pensano che mi tagli, visto che sono troppo malinconica.

A diciassette, sono troppo ridicola quando provo a flirtare con ragazzi che mi vedono come una preda facile.

A diciotto, sono troppo sedentaria. Non ho retto il peso delle critiche e sono rimasta a casa, lasciando la scuola.

A diciannove, troppo inutile: non studio, non lavoro, non esco.

A venti, troppo ingenua per evitare di finire nelle mani di un uomo tossico che mi porta via anche la poca luce rimasta.

A ventitré sono troppo ingombrante perfino per i miei genitori, che hanno sentito il bisogno di «rifarsi una vita».

A venticinque, troppo persa. Sempre «troppo». Il buio del cinema mi soffoca. Mi alzo di scatto.

Sento gli occhi di Sam su di me.

Non so come dirgli che mi dispiace, ma tutto quello che voglio ora è respirare aria fresca. Tiro fuori il cellulare come se mi fosse appena arrivato un messaggio urgente.

«Scusa, ma il mio cane ha cagato a terra» improvviso. La mia voce sarà ancora troppo alta? Non m'importa. «Devo andare a pulire… stronzo.»

«Io?» Sam sembra sorpreso. Dietro sento il tipo del «Shh!» sussultare.

«No, intendevo… devo andare a pulire lo stronzo. Ciao.»

Ed esco, forse un po' troppo velocemente per una che «non ci è rimasta male».

6

Nessuno mi vede (ma Sarah purtoppo sì)

Le strade sono particolarmente silenziose mentre le percorro.

La luna e le stelle illuminano i campi che mi stanno a fianco, vasti e inanimati, e le cicale sembrano aggiungere un po' di rumore ai miei passi quasi come se andassero a ritmo.

Ogni tanto cammino di fianco a qualche casa e sento una voce, una risata, ma sono suoni che spariscono velocemente.

Potrei avere paura di incappare in qualche malintenzionato. Ma riesco solo a pensare che rischierei di mettermi a parlare, e raccontargli della vergogna che sto provando in questo momento.

Anzi, probabilmente tenderei la trappola del «è successo questo, tu che ne pensi?» senza far capire all'altra persona come mi sento *io* al riguardo, per non influenzare la sua risposta: se fossi troppo triste, il mio interlocutore rischierebbe di dispiacersi, e allora si comporterebbe in maniera più gentile del normale. E io non voglio che accada: dal mio malintenzionato immaginario voglio solo sincerità.

Comunque, sarei potuta correre in stazione per provare a prendere l'ultimo treno per Castel del Buso, ma l'ho già detto, non amo correre, e i treni verso i piccoli paesini non forniscono troppe alternative od orari. Così eccomi qui, a piedi.

Google Maps riferisce che dovrei metterci un'ora e quaranta ad arrivare a casa, ma onestamente non fa tanta differenza: potrei metterci anche tre ore. Stare in giro così, in mezzo al nulla, mi fa sentire come se non esistessi per davvero. Nessuno mi vede, nessuno mi sente. Non sembra neanche che io stia vivendo la vita reale. Sono solo una figura che fluttua nel buio a un ritmo costante e lento, anonima.

Ed è così che vorrei sentirmi dopo l'avvenimento con Sam. Sono corsa fuori nel modo più imbarazzante possibile e, grazie a Dio, lui non mi ha seguita: la sala era troppo piccola o forse la mia esagerazione troppo grande. Sì, è stato molto *cringe*. Un'esagerazione troppo esagerata persino per me.

Non so bene cosa mi sia successo: in fondo non mi ha detto niente di così terribile. Che io parli troppo e troppo forte è risaputo, mica è un mistero. È solo che ma l'ha detto con un tono così… non lo so, non sono riuscita a identificarlo. Infastidito? Serio? Magari era solo ironico-passivo-aggressivo? Ma no, non è da lui: finora mi era sembrato un tipo diretto, che non gioca col sarcasmo.

E forse, in effetti, potevo semplicemente stare zitta, come mi ero ripromessa di fare all'inizio. Non era mica così difficile, soprattutto se poi dovevo fare tanto la drammatica.

Gli ho mandato un messaggio per scusarmi. L'imbarazzo non mi ha permesso di tornare in sala, ma sono riuscita comunque a digitare uno "Scusa per l'imprevisto! Spero tu possa goderti il film!"

Sam mi ha risposto dopo una mezz'oretta, con un pollice all'insù. E la vivo come una vittoria, perché non mi immaginavo neanche rispondesse più.

Forse non me la sono totalmente giocata, c'è ancora speranza. *Dovrei provare a pulire casa e scrivergli che è libera, in caso volesse continuare l'appuntamento. Dirgli che avrei sicuramente un modo per farmi perdonare.*

No, sul serio, poverino. È uscito con me subito dopo il lavoro ed è finito a vedersi un film da solo perché io, così dal nulla, sono impazzita.

Manco fossero stati flashback di guerra.

Continuo a camminare, e riflettere, i miei pensieri si trasformano in mille guizzi e spariscono all'istante quando mi trovo davanti il portone di casa mia.

Come sempre, Red è dietro alla porta, pronta a saltarmi addosso e farmi le feste. Ovviamente, non ha fatto nessunissima cacca. E io la accarezzo un po' più del solito prima di farmi spazio, a fatica, verso camera mia.

La notte non è particolarmente serena. Ogni tanto mi sveglio, allungo il braccio e cerco finché non trovo con la mano la pelliccia soffice e calda di Red. I pensieri si accavallano, si attorcigliano e si sovrappongono per quelle che mi sembrano ore, finché all'improvviso un suono fastidiosissimo squarcia l'aria.

È la sveglia. È già mattina.

Ma com'è successo?

Con una certa svogliatezza, mi tiro su e inizio a prepararmi per andare al lavoro.

Oggi avrei avuto il turno nel pomeriggio, ma ieri, *last minute*, mi hanno chiesto un cambio. Per evitare di litigare ho accettato… non sapevo ancora della camminata della speranza che avrei affrontato.

Sono sicura di averci messo almeno due ore per tornare a casa. Le mie gambe sono distrutte.

Controllo i messaggi: di Sam neanche l'ombra. Solo una Sarah che scrive: "Oggi passo".

Passa… SARAH?!

La realizzazione mi colpisce in pieno e faccio saettare gli occhi tutto intorno a me: sporcizia e vestiti sparsi punteggiano ogni angolo della casa.

Per quanto Pasqualina abbia provato ad aiutarmi l'altro giorno, non è riuscita a fare miracoli, e io devo uscire per andare al lavoro tra pochi minuti. *Zero tempo per sistemare.*

Oh Dio.

Già sudo freddo.

Non sto avendo un solo momento di tregua in questi giorni. Mi sento la protagonista di uno di quei vecchi programmi di *Real Time*. Ho solo l'imbarazzo della scelta: *Sepolti in casa*?

Beh, direi che ci siamo.

Io e la mia ossessione?

Check.

1000 modi per morire?

Anche questo, in effetti… con la differenza che il mio programma dovrebbe intitolarsi *1000 crisi a cui sopravvivere*. Okay, non esageriamo. Ora non sono poi così tanto nervosa.

Il problema vero sarà quando Sarah entrerà in casa e si guarderà intorno.

Oh Dio.

«Sai cosa, Red? Mi sa che oggi vai a giocare dalla zia Pasqualina» mormoro contro il muso dorato davanti a me. La sua lingua canina slitta veloce sulla mia faccia, a tradimento, e non riesco a trattenere una risata.

Chissà cosa pensano i cani quando fanno così. Stava muovendo pure la coda, deve essere proprio emozionata.

«Hai per caso capito dove si va?» domando dubbiosa.

Per tutta risposta, Red punta i suoi occhi marroni verso di me, la lingua ora penzolante che si muove a ritmo del suo respiro. Neanche un pensiero dietro a quegli occhi.

Non sai quanto ti invidio, Red.

7
Ti vedo sciupata

Faccio un respiro profondo e vado incontro al mio destino.

Entro nel supermercato pronta al peggio e lo trovo.... vuoto. Molto più del solito.

«Calma, calma, non tutti insieme» mormoro sarcastica, sedendomi al mio posto dietro la cassa. Sarà colpa dell'improvvisa pioggia primaverile, che ha probabilmente convinto la gente a restarsene in casa. Non tanto per l'acqua in sé, quanto per il vento che me la spinge contro con forza. Come se la natura mi sbavasse addosso.

Ma perché penso queste cose?!

Per gli anziani che arrivano a piedi con il carrello della spesa oggi sarebbe un'impresa muoversi. Anche se, forse, domenica a messa ne riderebbero con i loro compagni di banco.

Molti di loro sono soli. Alcuni vedovi. Altri con figli e nipoti troppo impegnati per passare a trovarli. O con cui magari hanno litigato, ma non vogliono ammetterlo.

È per questo che cerco sempre di concedere loro qualche minuto in più alla cassa, se non c'è fila. Hanno bisogno di parlare. E spesso ripetono le stesse cose.

La signora Rosy, per esempio, mi ha raccontato almeno sette volte di aver girato l'Europa e di aver sempre pensato che sarebbe morta in Francia. Solo perché ama follemente le baguette, e pensa che sarebbe stato coerente con quella sua piccola passione.

Ogni volta le rispondo che è ancora in tempo per fuggire lì, tanto i soldi ce li ha.

Lei però dice che non ha più le forze, né la voglia. A quel punto, parte la solita triste chiacchierata sulla vecchiaia.

E allora non è più una conversazione: è un flusso di coscienza che aspetta solo di essere accolto.

Molti anziani sono così. Vogliono solo far uscire i pensieri che tengono dentro da troppo tempo.

Eppure, nelle lunghe ore di lavoro, sono la mia compagnia preferita. Anche quando dicono cavolate e devo correggerli su temi delicati, tipo l'amore tra persone dello stesso sesso o l'esatta pronuncia della parola «smartphone» (tra le mie versioni preferite, *smartifan*, *smarfun*, *marfiton* e quella a cui sono più affezionata: *smarties*).

«Non si lavora oggi?»

Alzo lo sguardo dal cellulare, sorpresa. «Sarah?!»

Un sorriso compiaciuto le illumina il viso. Mi affretto ad aggirare la cassa per abbracciarla.

Indossa jeans a sigaretta, un maglioncino azzurro e i suoi soliti anfibi neri. I capelli ricci castani le incorniciano il volto morbido, in cui spiccano due occhi scurissimi. Le dico sempre che si vede quanto è crudele solo dallo sguardo, e lei ride ogni volta.

«Cosa ci fai qui?» chiedo, sistemandomi la divisa blu.

«Non hai risposto al messaggio, quindi ho dedotto fossi al lavoro.»

Poi indica il telefono tra le mie mani.

«Potevi rispondermi.»

«Hai ragione, credevo di averlo fatto e invece mi sono dimenticata» mento. La verità è che speravo avrebbe cambiato programma, vista la mancata risposta. Ma è difficile farle cambiare idea, quando si fissa su qualcosa.

«Mi ha chiamato Sabina» dice, senza preamboli.

Ha smesso di chiamarla «mamma» da quando, due anni fa, le disse che andare all'università da fuori sede era un gesto egoistico. Avrebbe dovuto lavorare, secondo lei.

Ricordo ancora lo sguardo ferito di Sarah. Tutti quei bei voti, i sacrifici per non pesare sui nostri genitori, la borsa di studio. Non era bastato.

«Ha chiamato anche me» confesso. «Ci teneva a fare un po' di vittimismo anche il giorno del suo compleanno.»

«Non so più come dirglielo di lasciarmi in pace» sbotta.

Lei è la gemella con problemi di rabbia. Nel caso non fosse chiaro.

«Blocca il numero. Oppure puoi fingere di essere la segreteria telefonica ogni volta che le rispondi.»

«Molto divertente» mi fulmina con lo sguardo, come se la colpa fosse mia.

Poi si blocca. Mi osserva. «Che ti è successo?»

Mi porto una mano al viso. *Avrò dello sporco sul naso? Ho sbattuto da qualche parte?*

«Sei sciupata» aggiunge. Non capisco se è più preoccupata o critica.

«Niente di che. Sono uscita con questo ragaz–»

«Ancora?» sbuffa. «Non fai altro.»

«Non mi hai neanche lasciato finire» dico stizzita, e stringo il telefono. «Sai che c'è? Lasciamo stare. Parliamo dei tuoi esami, magari.»

«Sicuramente più produttivo rispetto agli sfigati che non si ricordano neanche come ti chiami!»

Eccola. La solita Sarah.

«Ma che ne sai tu? Sei qui, forse?»

«Grazie a Dio no. Pensa vivere in mezzo a quel porcile con quei porci.»

«Non molto gentile. Red è un cane, non un suino.»

«Sì, sì, scherzaci sopra. Scommetto che la casa è un casino! Ma ti senti?»

«E tu ti senti, che dopo tre mesi ti rifai viva solo per insultarmi?»

«Se dire la verità è un reato, che mi arrestino!» alza le braccia al cielo.

«Ehm… posso pagare?» chiede timida una voce alle nostre spalle.

Io e Sarah ci giriamo di scatto, in contemporanea, verso il fondo della cassa: lì, con la manina rugosa stretta attorno al manico del carrellino, c'è una vecchietta minuscola con una nuvola di capelli candidi in testa.

«Elda! Scusa, non ti avevo vista» le dico, addolcendomi subito.

Elda è una dolce ottantenne alta un metro e cinquanta. Viene solo quando i suoi prodotti preferiti sono in offerta. È prevedibile e tenera, come una tisanina calda quando non hai digerito bene.

Sarah, ancora imbronciata, si fa da parte per lasciarla passare.

Elda appoggia le sue Rossana e i suoi formaggini sul nastro e poi ridacchia. «Anche io e le mie sorelle eravamo così da giovani. Da grandi riderete di questi battibecchi.» Ci sorride. «E da anziane vi mancheranno.»

«Siamo solo un po' esagerate» provo a scherzare. «Due Arieti. Caratteri forti.»

Sarah annuisce. «Dovresti vederci quando dobbiamo scegliere un film.»

«Un incubo» aggiungo.

«Non litigate per queste sciocchezze, ragazze» ci ammonisce. «La vita è troppo breve.»

Sarah, evidentemente poco pratica di psicologia delle ottantenni, mi guarda perplessa. Le sue labbra mimano: «Ma non aveva detto...?» Ma io la fermo, scuotendo la testa. Con ogni probabilità, Elda si sarà già dimenticata di quel che ha detto dieci secondi fa.

«Hai ragione» le sorrido allora, aiutandola a infilare i prodotti nei sacchetti. «Ma ogni tanto qualche battibecco serve.»

Elda alza gli occhi su di me, mi guarda e poi sussulta: «Oddio, Serena, sei sciupata!»

Mi porto una mano al viso. *Ancora?!*

Lasciamo perdere il fatto che mi chiama Serena perché non sa dire «Shailene», ormai me ne sono fatta una ragione.

«Non sei la prima a dirmelo» borbotto, arricciando le labbra.

«Sarà il brutto tempo.»

«Anche le mie piante diventano così senza sole» annuisce comprensiva Elda. «Forse dovrei curarle meglio.» Rimango perplessa dal paragone, mi limito a sorriderle e le consegno il resto.

Ci salutiamo.

E finalmente mi giro verso quella bestia che ho come sorella. «Satana oggi era occupato, quindi ha mandato te, deduco.»

«La verità fa male, Shailene.»

«Wow, questa non l'avevo proprio mai sentita.»

«E sai cos'è peggio?» riprende lei. «Domani si va a cena con papà.»

Sgrano gli occhi. «Domani?!»

«Mi aveva chiesto di vederci, ho detto che sarei tornata qui una settimana per la laurea della mia amica... e lui ne ha approfittato.»

Il silenzio ci cala addosso. Uscire con nostro padre è una combo micidiale di disagio e imbarazzo.

«Nei prossimi giorni dormo da Maria» aggiunge Sarah. «Ma potrebbe venirmi voglia di passare da te. Gradirei che la casa fosse pulita.»

«Non ti prometto niente» anticipo, alzando le mani, ma Sarah mi fulmina con lo sguardo e quindi provvedo a correggermi. «Farò quel che posso.»

Lei sembra soddisfatta.

«A domani.»

«A domani.»

E mentre esce dal supermercato, mi tocco di nuovo il viso. *Sciupata?*

Sarà colpa del fatto che ieri non ho cuccato?

8

Elsa dentro il castello

Qualche ora più tardi, le corsie del supermercato sono state sostituite dal mio salotto. Accanto a me, stravaccato sul divano in una posa tutt'altro che aggraziata, c'è Benedetto.

«Vedo che casa tua è quasi decente» commenta muovendo l'indice per aria. «Per caso la mia gemella preferita è tornata in paese per il weekend?»

Alzo gli occhi al cielo e sbuffo.

«Voci di corridoio sussurrano che Sarah possa essere in zona, sì, e possa addirittura venire a dormire qui nei prossimi giorni.»

«Com'è che si dice? Quando la regina ritorna le vallette ballano» ridacchia Ben.

«Ballano e spazzano, mio caro! Mi sono sentita Cenerentola nelle ultime ore.»

Ed è vero: appena uscita dal supermercato sono corsa a casa per sistemare meglio che potevo. Purtroppo, i miracoli che aveva fatto Pasqualina non sono serviti a nulla: sono riuscita a far tornare casa un campo di guerra nel giro di appena qualche giorno. Giuro, sembra che il caos si generi da solo.

Ma il terrorismo psicologico a cui andrei incontro, se facessi trovare la casa sporca a Sarah, mi ha fatto fare pazzie nelle ultime ore: ho portato a termine non una ma ben due lavatrici, steso i panni, svuotato la lavastoviglie, sistemato l'armadio, passato la scopa per terra e pure portato fuori la spazzatura.

Di solito, è già tanto se faccio *una* di queste cose al giorno.

«Vabbè, mi pare di capire che sono due giorni che tu spazzi volentieri… o no?» ammicca il mio amico. *Eh no, Benedetto, a malincuore devo darti torto.*

Non incrocio subito il suo sguardo ma sento i suoi occhi addosso. Ci mette poco a capire.

«Non mi dire…»

Annuisco in silenzio.

«…E quando pensavi di dirmelo che con Sam non ci hai fatto niente?» esclama scioccato.

Osservo il muro pensando a come raccontare la vicenda senza fare la figura della sfigata. *Il povero ragazzo sexy ha usato la parola «troppo» per riferirsi a me e io mi sono sentita così toccata che sono corsa via?*

Ma persino io, se sentissi una storia del genere, risponderei che è un'esagerazione: tra tutte le cose per cui potevo correre via, prendersela così per una parola… neanche mi avesse fatto del male fisico. *Sono stata talmente stupida.*

«Beh? Il gatto ti ha rubato la lingua?» chiede, ora leggermente più indispettito.

«Certo che anche tu, tra tutti i paragoni che potevi fare, scegliere proprio un gatto…»

«Allora, mi rispondi o no?»

«Senti, quel cretino ha detto che parlavo un po' troppo. E a me ha dato fastidio. Avrò il diritto di andarmene se voglio, o no?» rispondo, con una mezza verità.

Il fatto è che, se devo essere onesta, non penso ci fosse cattiveria nelle parole di Sam. Probabilmente è vero che parlo troppo quando sono in ansia.

Per tutta risposta, Ben aggrotta le sopracciglia. «Ho visto gli uomini farti e dirti le cose peggiori, e tu te ne sei sempre stata zitta come una statua. E ora scappi come in un *drama* coreano solo perché uno ti dice che parli troppo?» domanda, girandosi tutto verso di me e incrociando le gambe. «E poi, non eravate al cinema? Ti sei sentita in dovere di improvvisare un podcast tra i telespettatori?»

«Ma pensi che io sia così andata di testa da mettermi a parlare durante il film?» mi giro a mia volta per guardarlo. «Ovviamente è stato mentre stavano ancora trasmettendo i titoli di testa.»

«Si parla comunque di un contesto silenzioso.»

«Beh, anche in chiesa la gente parla prima che effettivamente inizi la messa» dico. «E quindi? Ciò li rende forse meno credenti?»

«Non so se è il paragone più adatto per una peccatrice come te» replica Benedetto.

«Ah, io?» esclamo piccata. «Vogliamo parlare di te?»

«No,» taglia corto Ben. «È di te che stiamo parlando. Su, articola la scena. Lui dal nulla ti ha detto che sei "troppo" e tu sei corsa via? O c'è qualche dettaglio importante che mi sto perdendo?»

Prendo un respiro profondo, ma lui mi interrompe immediatamente per minacciarmi: «Forza, senza tanti giri di parole.»

Colpa mia. Diciamo che sono famosa per inserire parecchi dettagli inutili nei miei racconti.

«O tutto, o niente» lo avverto.

Ben sospira, rassegnato. «E va bene, vai.»

«Allora. È iniziato tutto quando sono andata dalla mia cartomante, che–»

«Ah, la pazza, ci mancava solo lei!»

«Non è pazza» rimbecco, fulminandolo con lo sguardo. «Mi aiuta ad avere una visione generale della vita!»

«Posso farlo anche io senza chiederti venti euro a seduta» risponde lui, come ogni volta. Non prova molta simpatia per Elisabetta. «Ti ha per caso detto che esci con tutti questi sfigati per colmare il grande vuoto dentro di te? Che sei persa e vivi alla giornata perché hai paura del futuro?»

Aggrotto le sopracciglia e incrocio lo sguardo di Ben, i suoi occhi scuri puntati nei miei.

«Ma se tu fai esattamente le stesse identiche cose che faccio io! Solo che le etichetti come "ricerca di te stesso". O sbaglio?»

«Senti, qui stiamo parlando di te, non di me. Ma se proprio vuoi metterla su questo piano, io nel tempo libero faccio *hiking*, e quindi conosco la strada di ritorno verso me stesso. Tu, invece, sei ancora persa nella natura.»

«Persa? Ho una casa, un lavoro, un cane» indico Red, sdraiata a pancia all'aria sul pavimento sotto di me. «Da che punto di vista dovrei essere persa?»

«Quali sono le tue passioni? I tuoi hobby?» chiede Ben, con il tono di chi si sforza di non perdere la pazienza.

Oddio, odio questa domanda. Mi ricorda molto il periodo delle elementari e delle medie, in cui le maestre ce lo chiedevano per presentarci alla classe.

Ogni volta non sapevo che dire.

«Ben, io sono una persona in evoluzione, non ho sempre gli stessi hobby o le stesse passioni» rispondo. «E poi lo sai, dai, mi piace leggere, disegnare, ascoltare la musica, camminare...»

«Bene. Quand'è stata l'ultima volta che hai letto un libro? Quand'è stata l'ultima volta che mi hai chiamato per dirmi "ascolta questa nuova canzone che ho scoperto"? Quand'è stata l'ultima volta che hai camminato perché volevi e non perché dovevi far passeggiare il cane?»

Ma dove vuole andare a parare?

«Col lavoro mi viene difficile dedicare il giusto tempo a queste cose» ribatto, sulla difensiva. Ben ride acido.

«Ah, certo. E allora com'è che invece per gli sconosciuti incontrati online hai sempre tutto il tempo del mondo?»

«Faccio uscite interessanti in compagnia» mi sento di correggerlo. «Sai benissimo anche tu che non ho tanti amici in zona. Cosa dovrei fare? Andare al bar e starmene isolata in un angolo? Fare un picnic per i fatti miei? Sedermi al cinema da sola?»

«Quindi queste cose ti accontenti di farle con gente che ti vede come "troppo"» mi fa il verso, mimando le virgolette con le dita.

«È successo una volta e ora ti senti di generalizzare?» chiedo alzandomi per prendere dell'acqua. Non ho davvero sete. Ma il suo sguardo, così tanto più critico del solito, mi sta facendo sentire a disagio. A ogni domanda che mi fa, provo lo strano desiderio di ripiegarmi su me stessa come un riccio.

«Citami un solo ragazzo che, nell'ultimo periodo, ti abbia trattata come un essere umano.»

Prendo un bicchiere in vetro rosa con incisi dei cuoricini, afferro la brocca e lo riempio fino al bordo. Poi lo scolo tutto d'un fiato.

«Devo contattare il tuo ufficio stampa per avere una tua dichiarazione?» mi sprona a rispondere.

«Che intendi per essere umano?» domando appoggiandomi al ripiano in marmo della cucina.

«Tante cose. Ti hanno mai regalato dei fiori, per esempio?»

Ridacchio scuotendo la testa. «Non li ho mai chiesti e, per di più, non mi piacciono»

«È il gesto, Shay.» Ben si prende la testa tra le mani, come se fosse stanchissimo. «Le persone ti trattano nel modo in cui ti percepiscono. O come una persona, o come un buco da riempire. A volte dipende da come sono fatti loro. Ma in ogni caso dipende anche da come sei fatta tu; o meglio, da come scegli di farti trattare tu.»

«Ben» taglio corto, «non puoi generalizzare così, anche se sei uomo. Dipende da cosa due persone cercano e, se io voglio divertirmi e basta, non c'è nulla di male».

«No, non ci sarebbe nulla di male se fosse davvero così. Ma tu non vuoi ammettere a te stessa che vorresti di più da tutte queste persone.» Ora è serio, non sorride più.

«Ben, se volessi altro da loro lo avrei fatto presente, no?»

Sembra interdetto su cosa rispondere. Il che è raro, dato che dice sempre tutto ciò che gli passa per la testa. Quando riprende a parlare, il suo tono sembra più dolce. «Dove pensi ti porteranno questi appuntamenti? Ci hai mai pensato?»

«Viviti il momento, non tutto deve avere un secondo fine.» Per buona misura gli faccio un occhiolino, sforzandomi di sembrare allegra. «E nel caso avessi dubbi su come mettere in pratica questo consiglio, puoi esercitarti nel corso delle prossime due orette, che passerai qui in compagnia di Red, visto che io ho un appuntamento.»

«Tu non puoi essere seria.»

Alzo il telefono per fargli vedere l'ultimo messaggio di Filippo, il nuovo ragazzo con cui stavo parlando:

"15 minuti e sono da te".

«E invece sì, mio caro.» Mi dirigo verso il bagno per darmi una sciacquata veloce e cambiarmi. «Avevo bisogno di distrarmi dallo stress e lui si è fatto vivo. Si vede che qualcuno ha ascoltato le mie preghiere.»

Filippo, trentacinque anni, impiegato in una banca.

Alto, snello e (a quanto sembra) con ancora tutti i capelli al loro posto. Occhi di un verde oliva particolarmente intenso. Unica possibile pecca: sopra il labbro superiore, quel che si dice un *pornobaffo*, castano proprio come i suoi ricci.

Vestiario anonimo ma, dalle chat, sembrava simpatico.

«Ma Shay... è quasi l'una di notte» mi rimprovera Ben, preoccupato. *Come se non l'avessi mai fatto prima.*

«Ti devo ricordare a casa di quanti sconosciuti sei andato tu?» gli domando.

«Devi smetterla di mettermi in mezzo quando si parla di te» sbotta, raggiungendomi in bagno.

I suoi occhi scuri passano sui miei capelli rame legati in una coda alta ma morbida, sugli orecchini che mi sto chiudendo alle orecchie, sullo spacco a cuore del vestitino nero che mi arriva poco sotto i glutei.

E poi sulle scarpe da ginnastica rosa fluo ai miei piedi. «Ma cos'è quello schifo?» mi chiede senza sforzarsi di nascondere l'espressione disgustata. «Ma è mai possibile che riesci a rovinare tutti gli outfit che indossi con un paio di scarpe da ginnastica?»

«Sono comode» lo zittisco, allungandomi oltre la porta del bagno per prendere una giacca nera pesante. «Mi servono solo per camminare da qui all'auto, poi è probabile che neanche le terrò addosso.»

«Sei allucinante» commenta, tornando in salotto. «E per di più mi lasci con questo stupido cane che puzza e sbava tutto il tempo!»

«Non siete tanto diversi» rispondo, dirigendomi verso la porta di casa. «Bene, io vado. Ho attivato la localizzazione sul telefono, quindi controllala pure ogni tanto. Non prevedo di star via più di due ore.»

Annuisce. «Divertiti.»

«Gli chiederò se mi vede come un essere umano» lo canzono uscendo di casa; lo sento sbuffare e ribattere qualcosa, ma ormai sto già chiudendo la porta, e non riesco a decifrare le sue parole.

La Ford Focus grigia di Filippo mi attende in un parcheggio a un paio di minuti da casa. Appena mi vede accenna un sorriso e scende subito per venire ad aprirmi la portiera.

«Che gentiluomo» ridacchio, sedendomi.

Lui mormora un semplice «mi sembra il minimo» e torna al posto di guida.

L'interno dell'auto profuma di buono: non il tipico odore di muschio che molti scelgono ma qualcosa di più fruttato. *Fragola, forse? Frutti di bosco?*

Mi guardo attorno e noto che sul bocchettone dell'aria condizionata sono attaccate una coccinella rossa e una lucertola verde.

Carine.

Guardando nello specchietto retrovisore, noto un piccolo peluche sul sedile posteriore. Riesco a intravedere il profilo di un animaletto ma, dato il buio, non riesco a distinguere di che animale si tratti.

«Non pensavo che a trentacinque anni uno si mettesse ancora a collezionare pupazzi» lo prendo in giro.

La sua testa scatta all'indietro e, quando li vede, si sbatte una mano sulla fronte.

«Che figura di merda... Scusa, se li sarà dimenticati mia nipote.»

«Tranquillo» lo rassicuro. E intanto ne approfitto per guardarlo meglio: le foto che avevo visto di lui erano sicuramente un po' vecchie perché, ora che ce l'ho davanti dal vivo, posso dire che i suoi trentacinque anni si notano tutti. Per carità, non sono tanti, ma se portati male si notano.

Alcune rughe d'espressione sono più accentuate, il baffo meno curato che nelle foto. La ricrescita della barba si nota: saranno almeno un paio di giorni che non se la fa. I capelli, poi, sono meno folti di quanto sembrasse, e noto parecchie striature bianche fare capolino in mezzo al castano.

Rimane un bell'uomo. Semplicemente, però, non corrisponde a quel che fa vedere online.

Mia sorella dice sempre che quando si parla di app d'incontri le viene in mente un episodio di *Black Mirror*: «La gente si annulla per un paio di foto e di parole. Si scorre finché non si trova qualcuno che ci piace a vista. Come se fossi al supermercato e l'altra persona non fosse altro che un articolo da scegliere.»

Io però non sono d'accordo: secondo me si riesce a percepire la personalità di qualcuno anche da un selfie. Dal modo in cui sorride o si mette in posa, da cosa sceglie di scrivere nella sua bio, sapendo che gli altri la leggeranno. Bisogna saper analizzare.

«Parlami un po' di te» interrompe il silenzio Filippo, l'accento romano più forte di come lo immaginassi. *Giusto.* Mi aveva detto che si è trasferito qui un paio d'anni fa per lavoro, ma che appena potrà tornerà a Roma.

«È una domanda un po' vaga. Cosa vorresti sapere?» ammicco.

«Sono un uomo molto curioso» ribatte, sorridendo. «Qualsiasi cosa tu voglia dire la ascolterò con piacere.»

Odio quando riescono ad aggirare le mie domande, mi infastidisce.

«Fammi una vera domanda, allora.»

«Sennò?» chiede, con un leggero tono di sfida. «Rimani col broncio come una bimba?»

«Ci ha pensato mia madre a crescermi col silenzio punitivo, fossi in te punterei ad altro» rispondo, e la frase esce più allusiva di quanto volessi.

Sarà colpa di questi giorni di astinenza.

«Meglio di qualche schiaffo sul sedere» sogghigna. «Anche se a volte a qualcuno non dispiace.»

Ah, ecco. Adesso è tutto più chiaro: se è single a trentacinque anni, un motivo c'è. E no, non è perché si è dedicato a inseguire la carriera.

«Hai qualche trauma infantile?» butto lì, giusto per riempire il silenzio. Ma appena noto che si irrigidisce, aggiungo: «Troppo presto?»

«Ogni cosa ha bisogno del suo tempo» risponde in tono più cauto, accomodandosi meglio sul sedile. «Però mi piacciono le persone curiose.»

E con questo, colpo messo a segno. Dieci minuti netti. Roma non è stata costruita in un giorno, ma questa cavalla di Troia è pronta a marciare su tutti i suoi traumi e diventare l'unica e inimitabile. *Ben sarebbe fiero di me. O forse no.*

«Quindi fammi capire: parlare di schiaffi sul culo due minuti dopo essersi conosciuti va bene, ma scavare un po' nelle nostre storie personali è *off-limits*?» ribatto, con quel sarcasmo che mi esce più naturale del respiro.

«Sono un uomo che si esprime a gesti, non con le emozioni» ammicca, fissando il vuoto. *Tragico. Da copione.*

Secondo me, la mamma gli ha lavato le mutande fino a ieri. Mi dà proprio l'impressione dell'uomo a cui nessuno ha mai detto di no. Sarà per quell'aria sicura, o forse per l'età. Magari è solo che le sue coetanee si sono stancate di fare le baby-sitter travestite da fidanzate. *O chissà, le ventenni saranno il suo target di riferimento?*

«Quindi… ti piacciono quelle più giovani?»

«Non per forza, no.»

«E allora perché hai scelto di uscire con me, nonostante i dieci anni di differenza?» chiedo, incrociando le braccia.

«Perché sembri più matura della tua età.»

Mi si rovescia lo stomaco. Questa frase la sento da quando avevo cinque anni. E ogni volta, detta da un uomo, mi è sembrato che avesse un retrogusto malizioso.

«O magari sei tu immaturo?» ribatto. Forse con troppa acidità.

Lui scrolla le spalle, placido. «Siamo qui per passare una bella serata, no?»

Chiudo un attimo gli occhi. Forse sono solo stanca. O forse troppo lucida per riuscire a divertirmi. Avrei dovuto proporgli di bere qualcosa insieme, prima. O nascondermi una lattina di birra in borsa. *No, squallido.*

«Hai avuto a che fare con uomini di merda, eh?» mormora. La voce si fa più dolce, quasi tenera. «Lo posso immaginare. Ma partire già così, sul piede di guerra…»

«Scherzavo. Sono stata un po' troppo sarcastica» mento. Perché è vero per metà.

Ma la vita non ha un copione, e non posso aspettarmi che le persone dicano o facciano ciò che mi aspetto io. Ho anch'io i miei difetti. E sì, dico anch'io un sacco di cavolate.

«Da fuori ti sembro tragica, Filippo?» chiedo esasperata.

«Nah. Però si vede che sei un po' pazza. Come me» ride. «Io sono Leone ascendente Sagittario. Ho un carattere tremendo, sono per pochi.»

Chi ha cucinato qui prima di me? Quale donna gli ha già letto il tema natale e analizzato il suo approccio alla vita?

«Tranquillo, io sono Ariete ascendente Leone. Siamo pieni di fuoco anche noi» incrocio le gambe, e il vestito si alza un po'.

So che l'ha notato. Ma faccio finta di niente.

«Adoro le donne dell'Ariete» ammicca. *Chissà di quanti segni ha già detto questa cosa.* «Siete sicure, fate sempre il primo passo, siete indimenticabili sotto tanti aspetti.»

«Mi fa piacere.»

...Eh!?

Mi stupisco che Filippo non si sia messo a sfrigolare, visto l'acido che mi è uscito dalla bocca. *Ma che cosa mi succede?*

Cerco di ricompormi in fretta. «Guarda, non so cosa mi prenda oggi. Credo di essere un po' esausta perché mi sono svegliata presto per andare al lavoro.» Ma non gli lascio nemmeno il tempo di replicare. «Come tutte le persone che lavorano, ovviamente. Non voglio fare la vittima. Anzi, per fortuna che un lavoro ce l'ho.»

«Non volevo...»

«Scusa, Filippo, non c'entri tu. Dammi un minuto.»

Esco dalla macchina e comincio a camminare avanti e indietro.

Il vento ancora gelido di questa notte primaverile mi avvolge come una mantella di ghiaccio. Mi sento un po' Elsa di *Frozen*.

Io e mia sorella non siamo così diverse da lei e Anna: io sperduta e incompresa, lei circondata da persone che hanno aspettative su di lei perché sanno che le può soddisfare.

«Shailene, concentrati» mi dico a voce bassa. «Stai facendo tutto tu.»

C'è un uomo caldo e disponibile a due metri da me e io sto perdendo tempo nel castello di ghiaccio che mi sono costruita in testa. *Potevo restare a casa con Benedetto, se avevo intenzione di passare la serata a sputare sarcasmo e filosofeggiare.*

Faccio un respiro profondo e mi giro per tornare alla macchina. Ma prima che possa fare un passo, sento sulle mie spalle le mani di Filippo che mi spingono senza irruenza contro la portiera, il suo corpo contro il mio.

«Non serve parlare, se non ti va» mi sussurra all'orecchio, poi mi mette una mano dietro la testa e spinge con delicatezza fino a farmi appoggiare sul suo petto. Le sue mani iniziano a carezzarmi i capelli. Chiudo gli occhi. Il mio corpo si rilassa.

È una cosa che amo, ma che sperimento raramente. *Oh, i grattini, che bella invenzione.*

Da bambina mia madre me li faceva solo quando stavo male. Non era un gesto abituale. Se glieli chiedevo, era sempre troppo occupata o si ricordava di qualcos'altro che aveva da fare. E nei rari casi in cui cedeva, lo faceva sbuffando, per non più di due minuti. Come gli abbracci. Ogni volta che cercavo di darle un abbraccio, borbottava sempre «che vuoi? Ho da fare». Finché, un giorno, ho smesso di chiedere. Non so se ormai il mio cervello concepisca l'affetto come un debito che, in un modo o nell'altro, va sempre ripagato, o se semplicemente sono così disabituata a questi gesti che li sento terribilmente intimi, che riceverli mi sembra un privilegio, non certo un diritto.

«Non smettere, ti prego» mormoro, schiava delle sue mani. Più nuda ora che tra pochi minuti, forse.

«Non vedo l'ora di sentirti dire questa frase in un altro contesto» sussurra, il fiato caldo sul mio collo. La sua mano scivola lungo il mio corpo, disegna curve immaginarie, poi trova la mia, appoggiata timidamente sul suo fianco.

La afferra e la guida tra le sue gambe. «Sei bellissima. Senti che effetto mi fai?» Lo accarezzo piano. Incrocio il suo sguardo: serio, attento, acceso di desiderio.

Forse un tipo di desiderio diverso da quello che ho sentito pochi istanti fa. Ma mi vede. Mi vuole. *Potrebbe essere ovunque, potrebbe essere a letto a dormire. Ma è qui. E ha scelto me.*

«Tu continua a fare quello che stavi facendo» gli sussurro. Mi sento stupida. Disperata.

Le sue sopracciglia si sollevano per un istante, poi un sorrisetto malizioso prende forma sulle sue labbra.

«Sicura che non preferisci questo?» La sua mano sparisce sotto il mio vestito e io chiudo gli occhi, arrendendomi alle sue dita esperte.

Butto la testa all'indietro. Ma tengo gli occhi aperti.

Una delle cose belle della campagna è che le stelle si vedono meglio. Non come in montagna, ma abbastanza da perdersi a contarle.

Stasera ne vedo 44.

Il numero angelico 44 simboleggia protezione. Guida. Supporto.

«Sei al sicuro con questo numero» mi ha detto una volta la mia cartomante. E mi aveva fatto sentire bene. Il giorno dopo me lo sono tatuato. Impulsiva? Forse. Ma non mi sono mai pentita di nessuno dei miei tatuaggi, che ormai saranno almeno una quindicina.

Persino Pasqualina li accetta con tranquillità, se non con benevolenza. Però preferisce i miei nei: una volta mi ha detto che le sembrano piccole costellazioni. «Diresti mai che un cielo è brutto perché ha troppe stelle?» aveva riso, dopo che le avevo raccontato che a scuola mi prendevano in giro anche per quelli.

Un'uscita a modo suo: pura e tremendamente dolce.

«Rientriamo in macchina» ansima Filippo, aprendo la portiera e maneggiandomi come se fossi un peso piuma. La portiera si richiude, ci allunghiamo sui sedili di dietro.

Sorrido contro la sua bocca mentre ci baciamo: un bacio pieno, intimo, carnale.

«Ti voglio» dice. Quasi come una supplica.

E il loop si ripete: ansimi, vetri appannati, parole sussurrate, sudore, desiderio.

«Quanto avrei voluto incontrarti prima» dice, ora più aggressivo nei modi e nei gesti.

Non rispondo. Sorrido come un'ebete. Lui finisce poco dopo, dicendomi quanto sono bella e quanto spera di rivedermi.

Ci salutiamo distrattamente. Esausti, prosciugati, con la promessa vaga di rivederci presto.

E mi ritrovo sola, in un parcheggio vuoto. Il telefono segna le 2:17. Eppure, a me sembra che sia passata un'eternità.

Certo che poteva almeno darmi un passaggio a casa. Costringermi a subire il freddo notturno che mi congela addosso il sudore è proprio un colpo basso.

Faccio per incamminarmi, ma poi qualcosa a terra attira la mia attenzione. Un portafoglio, abbandonato sull'asfalto esattamente nel punto in cui mi sono appoggiata contro di lui per farmi fare i grattini. Deve essergli caduto dalla tasca.

Cretino.

Mi avvicino, lo raccolgo, lo apro per essere certa che sia proprio di Filippo.

La carta d'identità è sua: lo si riconosce nella foto, vecchia sicuramente di qualche anno, visto quanto sono rade le striature grigie nei capelli. Anche se il nome che si legge a fianco è «Andrea Simonetti».

Mi lascio sfuggire una risatina amara. Zero shock: gli uomini mentono. Sull'età, sul nome, su qualsiasi cosa. Con le app d'incontri, le bugie sono incluse nel pacchetto.

Ma poi la trovo. Una foto custodita con cura in una tasca interna del portafogli… quattro figure: un uomo, una donna, due bambine. Sul retro, una scritta in stampatello: «IO E I MIEI AMORI».

9
Come una patatina sull'asfalto

Cosa potrebbe essere più rumoroso di questo istante?

Il battito d'ali di una farfalla. Una piuma che atterra sul marciapiede. Una lacrima che scende sul viso, una briciola che cade sul tavolo, un fantasma che si muove tra le mura di una casa abbandonata... potrei continuare all'infinito.

Alla mia destra c'è Sarah: sta addentando il suo panino vegetariano mentre fissa il vuoto. I capelli ricci sono sicuramente stati lavati poche ore fa, perché spandono un delicato profumo di fiori e hanno un aspetto luminoso e morbido. Gli occhiali a farfalla, poi, la fanno sembrare elegante nonostante non sia particolarmente truccata, o almeno così sembra. Si è vestita come un personaggio di *Grease*: maglietta bianca aderente, giacca in pelle nera, jeans a sigaretta e anfibi. Quasi quasi mi aspetto che balzi in piedi sul tavolo e si metta a ballare e a cantare di quant'è fico avere un'automobile da corsa bella lucida.

Mio padre, davanti a me, allunga la mano per prendere il bicchiere d'acqua, e nel farlo la manica del suo maglioncino grigio, già troppo stretta per lui, si alza ancora di più. Chissà se ha solo sbagliato il lavaggio o se l'ha comprato in uno dei suoi momenti «perdo peso».

Da che ricordo, è sempre andato ripetendo: «devo calare un po' di pancia». La frase preferita della sua famiglia, a quanto pare. Potrei dire che in un certo senso siamo simili, visto che siamo cresciuti con lo stesso eco nelle orecchie. Solo che lui da questa eredità non ha imparato proprio niente: quando pesavo di più, durante una passata relazione particolarmente tossica, mi ricordo che mi chiese se fossi incinta. Avevo combattuto contro le lacrime per tutto il tragitto di ritorno verso casa.

Una volta accadde anche con quel mio ex: un suo amico glielo chiese proprio davanti a me, «ma la tua ragazza è incinta? Devo farti gli auguri?» e lui rispose semplicemente di no. Io incominciai a scherzarci, a camminare come una donna in dolce attesa per far fermare le macchine davanti alle strisce pedonali. Il mio ex lo detestava, mi diceva di smetterla o si allontanava da me.

Oggi penso che mi odiasse: sembrava sempre così infastidito quando ridevo.

«Shay.»

«Mmh?» mormoro, girando la testa verso mia sorella. Sono quasi infastidita di esser stata distolta dai miei pensieri. «Mi hai detto qualcosa?»

Sarah alza gli occhi al cielo. «Papà ti ha fatto una domanda» e poi aggiunge sottovoce, in modo che possa sentire solo io: «ti ha chiesto se puoi aiutarlo a scaricare delle canzoni sul suo mp3».

A mio padre sono bastati quei tre microsecondi di attesa per perdersi nel suo mondo, ma io rispondo comunque: «Certo, che musica vorresti?»

I suoi occhi guardano ancora un punto indefinito dietro di me mentre addenta distrattamente il suo panino.

«Papà?» lo richiamo schioccandogli le dita davanti al viso. Mi osserva distratto, quasi sorpreso.

«Papà, che musica vuoi che ti scarichi?»

«Quella dei miei anni» risponde con la bocca piena.

«Hai qualche richiesta nello specifico?» scuote la testa e continua a mangiare.

Non è un bravo conversatore, mettiamola così.

Se vi va di parlare con un muro che respiri, lui fa al caso vostro. Non rischierete neanche di sentirvi giudicati perché è raro che vi ascolti.

Prendo un'altra patatina fritta, la rimiro per un momento e poi, senza troppi complimenti, decido di rompere il silenzio.

«Per mille euro» dico, addentando la mia patatina, «mangereste delle patatine che sono rimaste su una strada trafficata per un giorno intero?»

Mio padre guarda Sarah ridacchiando: «Lei non sta bene di testa.»

«Sono seria. Io forse lo farei» ammetto.

Mille euro sono mille euro. E quel che non ammazza ingrassa. «E poi non è detto che l'asfalto sia più sporco delle cucine di un fast food.»

«Sì, ma una strada è una strada» dice Sarah. «E poi credo che un'esperienza così mi traumatizzerebbe.»

Rido. «Addirittura? Secondo me dopo un giorno neanche te lo ricordi. E sottolineo che stiamo parlando di mille euro.»

«Wow, mille euro senza un'antitetanica» mi fa il verso lei, seccata.

«Mille euro mi farebbero comodo» dice mio padre. «Potrei farmi una lunga crociera con una bella donna.»

Ah, giusto, dimenticavo.

Anche nostro padre ricerca l'amore da sempre.

Solo che non è molto fortunato, soprattutto per la sua spiccata mancanza di capacità sociali: è molto timido, impacciato e insicuro. Forse ho il cuore troppo tenero, ma questa cosa mi ha sempre fatto tremendamente compassione. Non è certo un santo, ma non riesco a non empatizzare con lui.

Sento vibrare il telefono nella tasca, e lo tiro fuori quel tanto che basta per sbirciare il messaggio sotto il tavolo.

"Vuoi sputare il rospo o no?!"

Niente, Ben non si è ancora rassegnato.

"Rispondi solo alla domanda: chi è meglio, io o lei?" digito velocemente. Poi riguardo la foto che gli ho inviato poche ore fa in chat: i capelli biondi e lisci incorniciano un viso abbronzato, le guance sono arrossate. Mi viene da pensare che quell'istantanea sia stata scattata durante una vacanza, probabilmente in una località di mare.

La donna è visibile solo fino a metà busto, ma anche così s'intuisce che il corpo è magro e sodo: sicuramente è una che si mantiene in movimento e mangia bene. Anche l'abbigliamento di marca non lascia molto all'immaginazione: è una donna curata, e oltretutto ha un bellissimo sorriso.

E le due bambine che tiene per mano sono la sua fotocopia.

«Chi è?» chiede Sarah, sporgendosi verso il mio telefono per guardare meglio.

«Ah, guarda come è sempre attento il corvo del malaugurio!»

Per tutta risposta, lei ride.

«Che esagerata che sei, ti ho solo fatto una domanda!»

«Secondo te è una bella donna?» le domando, sorreggendo il telefono alla destra del mio viso.

«Molto bella» interviene mio padre, «ci starei con una così. Certo, poi bisogna vedere se è credente...»

Aggrotto le sopracciglia, ma ignoro il suo commento. «È più bella di me?»

Sarah risponde veloce, quasi a voler evitare che lui dica qualcosa di sbagliato. «Ma che c'entra, più bella o meno bella? Siete diverse.»

«Parliamo per ipotesi, allora» propongo, sistemandomi meglio sulla sedia di plastica. «Pensi che un uomo possa tradire una donna così con me?»

«No», risponde semplicemente mio padre prima di sorseggiare la sua acqua gasata.

Grazie, papà, non avevamo dubbi!

«Diciamo che, per ipotesi, chiunque tradisca è un pezzo di merda, indipendentemente dalla persona con cui sceglie di farlo. Lo fanno perché vogliono, perché possono. Sono animali» sputa Sarah, già agitata.

«Magari il marito in questione sta vivendo un matrimonio infelice?» azzardo. La guardo negli occhi e poi mi ricompongo. «Ovviamente sto ipotizzando.»

«Può essere. Alcune donne sono pazze. Pensate a vostra madre» dice ancora papà. Ha sempre la parola pronta quando si deve parlare male di mogli (o ex mogli).

«È sempre facile dare della pazza a una donna, piuttosto che prendersi le proprie responsabilità per averla resa tale» sbotta Sarah, rossa in viso. È nervosa.

«Non devi pensare a scenari estremi» la fermo. «Magari è solo che dopo anni di routine si sente il bisogno di provare qualcosa di nuovo.»

«Ogni scenario è diverso» sospira lei. «Ma se uno si prende l'impegno di stare con qualcuno, relazione o matrimonio che sia, il minimo sarebbe *non* tradire.»

Scuoto le spalle, ammiccando. «Magari sono io a essere così fascinosa che basta vedermi per rischiare di cambiare idea?»

Nello stesso istante, Ben risponde al mio messaggio: "Sembrate due cretine entrambe. Ora dimmi che è successo."

Sbuffo, silenzio la suoneria e rimetto il telefono in tasca. *Ne parleremo dopo.*

«Se davvero si "cambia idea", esiste il divorzio» riprende Sarah, incrociando le gambe sulla sedia. «A differenziarci dalle bestie è proprio il pensiero critico. Inutile giustificare chi tradisce in una coppia monogama. Se lo fa, è perché mette i propri sentimenti prima di quelli del partner. Pensa a chi tradisce la moglie incinta perché ha osato cambiare aspetto durante la gravidanza. O a quelli che tradiscono la moglie perché è invecchiata, come se non fosse un processo naturale della vita. Schifosi.»

«E poi ti spennano» borbotta mio padre, giocando col tovagliolo. Lo ignoriamo.

«Devi sempre portarla all'estremo» dico a Sarah, spingendo il piatto lontano da me. Mi è passata la fame: mi si chiude lo stomaco quando si fanno questi discorsi. Chiederò al cameriere se può impacchettarmi il resto della cena, così posso portarmela via.

«Shailene, forse ti fa stare meglio vederla così» ribatte lei, scrollando le spalle. «Ma guarda che nemmeno nello scenario ipotetico te la passi bene: di fatto, questo qui ti userebbe come bambola gonfiabile per poi tornare a casa dalla moglie.»

«Forse perché deve farlo.»

«Se ho visto bene la foto, di fianco al cretino ultraquarantenne e alla donna c'erano due bambine. Quindi, al massimo, quello che *deve* fare è prendersi le sue responsabilità.»

Non la correggo sull'età di lui: effettivamente dal vivo non li porta così bene, e la foto che ho trovato nel suo portafogli è più recente di quelle che avevo visto io online.

«Fare il genitore è difficile» salta di nuovo fuori mio padre. Lui, quello emotivamente assente.

Lui, che probabilmente non saprebbe neanche dire qual è il mio colore preferito, che musica ascolto, quale piatto amo o odio.

Nei miei tentativi fallimentari di comunicazione con lui ho imparato che può anche essere una figura genitoriale, ma di sicuro non è un padre: non c'è senso paterno, non c'è quell'affetto commovente di cui tutti parlano. È lì da quando sono nata, ma somiglia più a un'ombra che a una persona.

«Difficile, eh? Immagino» ridacchia sarcastica Sarah.

Anche lei lo vede esattamente come me. Forse una delle poche cose su cui ci troviamo d'accordo.

10

Tu che belva ti senti?

«Se tu fossi un animale, sceglieresti un partner per la vita?»

La scia di baci lasciati da Filippo si allunga dolcemente dal mio collo e continua verso la mia clavicola. Il suono delle sue labbra contro la mia pelle è l'unica risposta che ottengo.

Il messaggio che mi ha inviato per chiedermi se potevamo vederci di nuovo, era lungo sì e no cinque parole. Pochi fronzoli, dritto al punto. È passata solo una settimana dal nostro primo incontro. Sono stata altrettanto sintetica nell'accettare: nome del motel, orario, emoji.

Se Ben fosse stato insieme a me mentre digitavo la mia risposta, mi avrebbe detto di sicuro che dovevo rifletterci di più.

«Tra gli animali esiste la monogamia...» continuo, passandogli la mano sui capelli crespi e scompigliati. «...ma la loro monogamia non combacia con la fedeltà sessuale».

Eppure Filippo non sembra troppo interessato alla discrepanza tra abitudini amorose e abitudini sessuali delle creature di Madre Natura.

«Pensa che i pinguini si fanno persino dei regali» ridacchio, e lo sento sospirare, infastidito. «Pensa che addirittura gli albatros si ritrovano tra migliaia e si riproducono con lo stesso partner, ogni anno.»

Con un movimento veloce, Filippo si stacca dal mio corpo per sdraiarsi alla mia destra, si distende su un lato allungandosi sul letto e lascia che il braccio sinistro sorregga il suo peso. Esita un attimo prima di rispondere, come se stesse cercando le parole giuste.

«Pensavo volessi usare la bocca per altro.»

Ah, scusate, sbagliavo.

«Anch'io lo pensavo» sospiro, guardando gli evidenti effetti della conversazione sul suo corpo che, fino a poco fa, era prontissimo a fare tutt'altro anziché conversare. «Che relazione animale abbiamo io e te? Come mi vedi?»

Sto rendendo l'idea? O sto facendo troppi giri di parole?

Lui continua a guardarmi confuso e seccato.

«Shailene, non siamo animali.»

Scommetto quello che vuoi che, se lo fossimo, tu saresti uno stupido gatto menefreghista.

«E allora perché tradiamo?»

Il suo respiro si fa più lento, come se fosse un piccolo roditore che deve nascondersi dal suo predatore.

E per quanto sia un uomo piuttosto massiccio, in questo momento sembra minuscolo.

«Gli animali provano emozioni, come noi, solo che noi siamo più consapevoli di provarle» spiego. «Se dovessero accoppiarsi con un altro della loro specie sarebbe perché provano il desiderio sessuale, ma non riescono a concepire l'atto del tradimento e della mancanza di rispetto nei confronti del partner.»

Sul suo volto si allarga un sorriso.

«Se solo la vita fosse così semplice, tesoro.»

La sua mano si allunga per accarezzarmi la guancia (morbida, perché ho cura di cospargermi di crema ogni volta che devo vederlo; colorata di rosso, perché ho capito che gli piace che abbia un colorito giovane e naturale), come fossi una bambina che ha detto qualcosa di stupido, che lo esaspera e lo intenerisce insieme.

«Non siamo bestie» prosegue, «i rapporti umani sono più complicati di quanto sembrino.»

Non mi lascia il tempo di ribattere e si avventa sulle mie labbra, corre a sostituire il lenzuolo caldo sopra di me con il suo corpo.

Ci tiene a farmi sentire che mi desidera mentre le sue mani scorrono sul mio corpo nudo. Forse siamo solo diversi: come il leone che insegue la gazzella, non perché gli piace ma perché ha fame. *Potrei essere semplicemente, banalmente allettante per lui? Nient'altro che un oggetto che suscita un desiderio carnale?*

Quanta tragicità per definirmi l'amante.

Lo guardo prendere il preservativo dal comodino e mi domando se dovrei chiedergli ora perché lo fa.

Ha una bella donna a casa e delle figlie che lo aspettano ed è qui a rischiarsi tutto per me. Se si fosse trattato dell'avventura di una notte, ancora ancora, capirei. *Ma perché è tornato?*

«Quanto mi sei mancata» geme nel mio orecchio. *Gli sono mancata?*

Certo, se ci penso mi rendo conto che pure io lo dico al cibo cinese dopo averlo ordinato d'asporto. *E forse è questo che sono? Un servizio di delivery?*

Qualcosa mi si agita nella pancia. E no, non è Filippo. È qualcos'altro: una cosa che mi dà fastidio, che mi torna su come un vomito di parole. E non riesco a fermarlo, non riesco a evitare che esca fuori.

«Indovinello» sussurro. «È tra di noi ma non la vedi.»

Percepisco dello smarrimento nel suo sguardo ma non si ferma. «Passione?» dice, con il fiato corto.

«No. Ritenta» mormoro. Lo guardo portarmi i polsi sopra la testa per poi cingerli con la sua mano.

«Non è...» ansima. «Non è esattamente il momento per un indovinello.»

«Dai, è facile» dico, facendo incontrare i nostri occhi. «E non sto parlando di me.»

Ridacchia ma non si ferma: una macchina da guerra.

«Ti do un indizio: non è propriamente "qui" tra noi.»

Esita un secondo. «Ma che ne so? I vestiti?»

Ammicco verso i nostri corpi intrecciati.

«Beh... no. Non ce ne sono.»

Ma Filippo non risponde. Ancora qualche attimo: spinge di nuovo e poi lo sento crollarmi addosso, respirando più forte.

Chi l'avrebbe mai detto che per portarlo all'estasi bastava *ricordargli* che siamo nudi.

Dopo qualche secondo, si stacca da me e si lascia cadere al mio fianco, con il fiato pesante. Nel silenzio della stanza si sente solo il suo respiro.

Silenzio. Lo odio.

«Dai, ti do un indizio. È femmina.»

Quando si volta verso di me, è visibilmente infastidito.

«Di certo non può più essere la libido» commenta acido.

«Non so. La libido tu te la immagini bionda, sui trentacinque, con un bel sorriso?»

La camera è silenziosa, ma è proprio come se alle mie parole fosse seguito il suono di un vetro che si spacca. Gli occhi di Filippo si fanno improvvisamente enormi. Non risponde, ma il suo volto è attraversato da mille movimenti diversi nel giro di un secondo. La sua faccia sembra indecisa su come reagire alle mie parole: si spalanca, si contorce, si agita, e poi ritorna seria. *Nonchalant*. Il tipo più rilassato del mondo.

Si prende il suo tempo: si alza, si toglie il preservativo, si ripulisce. Poi si riallunga sul letto.

Quando parla di nuovo, non c'è differenza di tono rispetto a quando, poco fa, mi chiedeva di spogliarmi, e gli angoli della sua bocca si alzano in un mezzo sorriso.

Ma che hai da ridere?

«Ce l'hai tu, vero? Il mio portafogli?»

«Non lo so, *Andrea Simonetti*» lo canzono mettendomi a sedere sul letto, «tu hai una moglie e delle figlie?»

Lui per tutta risposta si alza e comincia a vestirsi, recuperando i capi stropicciati sparsi per la camera.

Nonostante sia accesa solo una piccola lampada, posso vedere il suo corpo da... papà. Quella pancetta da birra e quei peli che ricoprono la sua pelle.

«Io ho una vita al di fuori di questo» dice serio, indicando la stanza. «Ho i miei problemi e le mie responsabilità.»

«E tu perché sei qui allora?» chiedo, suonando più malinconica che altro. Non lo sto attaccando, voglio solo capire.

«Perché tu sei qui?» rigira la mia domanda. «Se vuoi giudicare me perché sono un uomo sposato che vuole divertirsi, perché accetti di fare l'amante?»

La mia bocca si spalanca d'istinto ma non esce nessuna parola.

Sento solo il mio corpo sprofondare in una tremenda sensazione di disagio. È tremenda, avvolgente. È come se fino a pochi secondi fa non fossi stata davvero presente. Ma ora sono qui, lo sento eccome. E non è piacevole.

«Tu mi hai cercata» rispondo di getto, e per un attimo rimango spiazzata da quanto suoni sottile e lamentosa la mia voce.

«Ti ho solo chiesto se fossi libera oggi» ride, infilandosi la cintura nera nei jeans un po' troppo skinny. «Potevi tranquillamente rifiutare. Ma mi sembra tu sia corsa da me con piacere.»

«Perché la tradisci con me?»

Lui finisce di sistemarsi la cintura. Ci lascia cadere sopra i lembi della camicia. Poi mi guarda: nei suoi occhi non c'è intensità, ma quella che sembra solo noia. Fastidio.

«Non sei speciale, Shailene, se è questo che vuoi sentirti dire.»

Speciale.

Non sei speciale.

«E non lo dico con cattiveria, ti trovo molto sexy e simpatica. Però io non sono qui da marito e padre. Sono qui da uomo che deve scaricare lo stress.»

Ormai il mio sguardo è perso in un punto indefinito davanti a me, la mia vista è sfocata.

Non sono speciale.

«Quindi non sei felice che io sia venuta oggi?»

La mia voce trema mentre glielo chiedo.

«Mi fa piacere. Ma non per i motivi che pensi tu.»

Non sono speciale.

«Hai detto prima che non siamo animali, ma mi sembra che tu ti stia comportando proprio da bestia in questo momento» dico. Non c'è acidità né tristezza nelle mie parole. O almeno penso: non riesco a capire esattamente cosa sto provando.

Filippo (o Andrea? Ormai non ha più importanza) fa un passo verso il letto.

«Tu cosa offri al mondo?» domanda. «Se ti vendi come un pezzo di carne è ovvio che la gente ti tratterà come tale.»

Lo fulmino con lo sguardo. «Pezzo di carne? Ma ti senti?»

«Non ti sto giudicando. Ma cosa stai offrendo tu al mondo? Il tuo corpo. Gli uomini ti tratteranno a seconda di ciò che tu dai a loro.»

«Penso sia una delle frasi più maschiliste e oscene che abbia mai sentito dire.»

Mi sembra tutto così surreale.

«Forse un giorno smetterai di romanticizzare le azioni di ogni uomo, tesoro.» Afferra il telefono dal comodino e se lo infila in tasca. «E allora capirai che siamo più semplici di quanto sembriamo.»

«Quindi mi stai dicendo che io non sono nulla più che un corpo in questo momento?»

Sento il cuore battermi contro il petto, come supplicando di poter scappare via.

«Ti ho dato modo di pensare altrimenti?» chiede, osservandosi sullo specchio di fianco all'entrata. Si sistema il colletto della camicia azzurra senza distogliere lo sguardo dalla propria immagine.

Cosa ha fatto per farmi pensare altrimenti? Nulla.

«Siamo due adulti che hanno concordato di incontrarsi per divertimento. Sotto un certo aspetto, sì, divertimento non propriamente etico.»

Vorrei dire che non mi è stato dato modo di scegliere se questo «divertimento» mi sembrava etico o no. Ma non sarebbe vero: dopotutto, sono venuta qui anche dopo aver visto quella maledetta foto.

Annuisco; non c'è molto altro da dire.

Prendo il suo portafogli dalla mia borsa poggiata sul comodino e glielo lancio ai piedi del letto. Mi ringrazia con lo sguardo e lo recupera, aprendolo per controllare che ci sia tutto.

«Io vado a casa. Ti ho lasciato dei soldi sul comodino per chiamarti un taxi quando te la sentirai.»

Dovrei ringraziarlo? Come fa questo pensiero a non essere dolce? Come riesce qualcuno a farlo senza affetto?

«Stammi bene» dice. Poi se ne va.

Appena la porta della stanza si chiude, scoppio a piangere.

11

Felice come una Pasqua(lina)

Non so bene come passi il tempo. Le cose intorno a me cambiano in modo veloce, ma allo stesso tempo sembra tutto impercettibile.

Io ci sono ma non ci sono.

Non so se ci sono mentre ringrazio l'autista e richiudo la portiera. Mentre saluto Red dopo essere entrata in casa. Mentre mi butto a letto con gli stessi vestiti con cui sono andata da Filippo, che non ricordo neanche di aver rimesso prima di lasciare la stanza del motel. Mentre mi sveglio per andare al lavoro... *ho mangiato?* Non ricordo. Guardo lo schermo del cellulare e vedo arrivare messaggi di Ben, messaggi di Sarah, a cui non rispondo. Saluto gli anziani sorridenti che mi parlano, i miei superiori che mi dicono che il mio turno è finito e posso tornare a casa. Ma io mi fermo davanti a una casa che non è la mia.

Qui, due braccia esili mi circondano e mi stringono dolcemente. E delle parole tenere, che sento ma non ascolto, provano a riempire quel silenzio tormentato che sta al mio fianco dalla sera prima.

È una sensazione strana: è come se nel mio petto si fosse formata una crepa e io ci fossi caduta dentro. Per finire in questo mondo ovattato, una piccola bolla vuota in cui vivo solo io.

«Ti faccio bere qualcosa di caldo» mi dice Pasqualina senza smettere di abbracciarmi, e dal suo tono sembra non sia la prima volta che me lo sta dicendo.

Annuisco e la seguo dentro casa sua.

L'odore dei suoi fiori solitamente mi fa sorridere ma mi sembra di non percepire quel senso di serenità a cui sono abituata.

Cosa sento?

«Tesoro, è successo qualcosa?»

Inspiro ed espiro.

È successo qualcosa?

Se dovessi rispondere in maniera obiettiva, risponderei di no.

Ho avuto parecchie sveltine negli ultimi mesi e, a voler essere pignola, quella di ieri notte non ha avuto nulla di speciale. Si è svolta esattamente secondo il solito *modus operandi*: ci incontriamo, parliamo un po', andiamo a letto insieme e poi ci salutiamo.

«Non lo so» mi copro il viso con le mani. Mi sento svuotata. Ieri sera ho pianto tutte le lacrime che avevo in corpo. Se solo ne avessi ancora, però, sento che i miei occhi le piangerebbero volentieri.

Sento Pasqualina armeggiare con tazze e pentolino. Poi la sua voce dolce mi arriva all'orecchio.

«Lo sai che ero più piccola di te quando ho incontrato mio marito?»

Rialzo la testa dalle mani e la guardo.

«Ero proprio giovanissima, una ragazzina» continua Pasqualina, porgendomi la camomilla calda. «Una ragazzina molto ribelle, gioiosa. I miei genitori mi chiamavano "maschiaccio", pensa te!»

Si ferma un secondo per ridacchiare e scuotere la testa.

«Insomma, diciamo che avevo dei pensieri un po' diversi rispetto a molte mie coetanee. Credevo, e credo ancora, che una donna fosse più che una governante, una cuoca e una mamma messe insieme. Per quanto fare la casalinga sia un'occupazione del tutto rispettabile... io volevo altro.»

Annuisco ancora e sorseggio la camomilla. Non capisco bene dove voglia andare a parare.

«...Ma per le donne della mia generazione quello era il destino. I miei genitori non erano poverissimi, però eravamo in tanti. Otto figli. E io ero la più giovane.»

Si allunga verso uno dei mobili di legno lucido della cucina e apre un cassetto; ci rovista dentro, tira fuori una foto ingiallita e me la porge. È un suo scatto da ragazzina, con addosso dei pinocchietti e una canotta larga, i capelli corti e scompigliati. E gli occhi dolci pieni di vita, una smorfia di sfida a illuminarle il volto.

«Quando poi tutti i miei fratelli e sorelle hanno iniziato a diventare grandi, ho capito che i miei genitori volevano anche godersi i loro anni di vecchiaia senza figli di mezzo. E così... ho incontrato Antonio.»

Mi passa un'altra foto. Un ragazzo sulla ventina, dal viso spigoloso, senza barba e con i capelli pettinati all'indietro. Vestito elegante, espressione seria.

«Lui di anni ne aveva ventisei ed era pronto a sposarsi con Rita, la mia vicina di casa. Ma, come potrai immaginare, non è riuscito a essere fedele neanche prima del matrimonio.»

Le sue parole suonano piatte. È strano: è come se ci fosse stata tanta rabbia prima, ma il tempo l'avesse piano piano portata via.

«Al tempo... quella che oggi chiamate educazione sessuale non esisteva. Io non sapevo niente, non avevo nessuno a cui chiedere davvero come fare, come proteggermi, come... Insomma, avevo solo sedici anni» sospira. «Comunque, Antonio mi vedeva spesso quando passava a trovare Rita. Giocavamo a calcio insieme nel giardino del nostro condominio. Ridevamo e parlavamo del più e del meno. E così è stato per un paio di mesi» accarezza la foto che la ritrae come se volesse abbracciarla.

«Non era ricco ma si teneva occupato con tanti lavori e questo mi affascinava. Mi propose di aiutarlo e di accompagnarlo mentre se ne andava in giro a vendere questo o quello, mentre riparava finestre o porte che cigolavano nel vicinato...»

Pasqualina sorride e io di riflesso la imito.

«Ogni tanto lo aiutavo per davvero e rimediavo qualche soldo. Il mio primo lavoro! Così giovane! Mi sembrava un sogno. Immaginavo già come la mia carriera avrebbe preso mille strade diverse. È così che gli sceneggiati in televisione fanno credere che vada la vita: una sorpresa dopo l'altra. Ed effettivamente la sorpresa c'è stata...» mormora, facendomi una carezza lieve.

«Dove io vedevo futuro, Antonio vedeva malizia. Ero sciocca, sapeva che avrei fatto di tutto per continuare a lavorare. E, a volte, quando non c'è un prezzo è perché il prezzo sei tu.»

Strabuzzo gli occhi quando realizzo cosa sta sottintendendo Pasqualina.

«A sedici anni mi sono trovata incinta di un uomo prossimo al matrimonio. Era una vergogna in paese, incinta senza neanche un anello al dito… per di più di un uomo impegnato. Così ci siamo dovuti sposare.»

Stronzo.

«La mia famiglia non ha preso bene la notizia e i parenti di lui mi odiavano, per tutti era colpa mia. E così mi sono convinta pure io che avessero ragione.»

Scuote la testa e respira un attimo prima di continuare con il racconto.

«Mi sono persa, Shailene. Mi sono persa per tutta la mia vita. Quell'uomo si è preso la mia libertà, la mia gioia, la mia speranza per il futuro e la mia ingenuità.»

Chissà cosa sarebbe accaduto se non avesse mai incontrato Antonio.

«Ma anche il mio amore per i fiori, per l'arte, per la danza. Io non potevo fare niente» mormora, «niente se non stare dietro ai figli, pulire la casa e cucinare.»

«Il tuo incubo» dico, ricordandomi le sue parole di prima.

«Esattamente. Non ero più io, ero una macchina. Non riuscivo neanche a voler bene come si deve ai miei bambini» le trema la voce e io la abbraccio.

Rimaniamo in silenzio per un momento, e poi Pasqualina va avanti.

«Sapevo dal principio che mi tradiva, ma per anni ho fatto finta di niente» riprende, scuotendo le spalle. «Era un uomo scorbutico e non proprio propenso al dialogo. Fosse mai che si prendesse le sue responsabilità!»

Mi verrebbe da dirle che in queste parole mi sembra di rivedere un mio particolare ex, ma non mi sembra il caso: non penso si possa mettere a paragone una vita intera con neanche due anni di relazione.

«Non c'era amore, non ero gelosa, ero semplicemente molto sola e annoiata. Così, dopo anni di silenzio e tradimenti, gli comunicai di voler fare la fioraia.»

È vero, ho sempre saputo che aveva iniziato tardi a lavorare. Ma non mi sono mai fatta domande. Ho solo pensato fosse una nonnina particolarmente arzilla a cui non piaceva stare con le mani in mano.

«Stranamente, quando gli comunicai questo desiderio, la prese bene e mi aiutò a costruire la mia piccola boutique dei fiori...» mentre ne parla le si accende il viso, gli occhi iniziano a luccicarle. «...Non so perché l'abbia fatto, se per pena o per dare a entrambi una scusa per passare meno tempo l'uno con l'altra. Ma ero felice, dopo tanti anni. Ho conosciuto persone squisite, ascoltato storie, curato e salvato piante.»

All'improvviso mi sento curiosa: le faccio una domanda che in questi anni non mi era ancora mai uscita dalle labbra.

«Come mai questo amore per le piante, Pasqualina?»

Lei mi guarda e sorride, come se la risposta fosse ovvia, davanti agli occhi di entrambe: «Non ci danno forse tantissimo, Shailene? E chiedono così poco!» Sembra quasi commossa. «Se ti prendi cura di loro, te lo mostrano. Se non lo fai, muoiono, ma lo fanno in silenzio.»

Torna a incrociare il mio sguardo.

«...Ed era proprio ciò che stava succedendo a me. Ero una donna che sembrava vivere una vita perfetta, mio marito era rispettato perché era riuscito ad affermarsi col lavoro, avevamo dei figli, poi dei nipoti, una bella casa... non ci mancava nulla. Se non l'amore.»

La abbraccio nuovamente e, per un paio di secondi, mi sembra di stringere non la dolce vecchietta che conosco da tempo, ma l'esile ragazza che è stata, dallo sguardo vivace, con tutta quella voglia di vivere e affermarsi negli occhi.

«Mio marito non alzava le mani con me, sia chiaro» precisa quando sciogliamo l'abbraccio, «ma a volte, per quanto suoni terribile, preferirei quasi che l'avesse fatto. Forse una parte di me pensa che me ne sarei andata prima. O forse mi sembra solo che le ferite emotive siano più difficili da curare.»

«E perché sei venuta qui e hai lasciato tutto in Svizzera?» domando.

Pasqualina esita un secondo prima di rispondermi.

«Non pensare che io sia una persona cattiva, per favore» mormora, «ma quando Antonio è morto, due anni fa, mi sono sentita libera.»

«Non sei una persona cattiva» le confermo. Perché non lo è, neanche lontanamente. «Ma i tuoi figli e nipoti? Non ti mancano?»

«I miei figli ormai sono grandi, ma nel corso degli anni li ho sempre amati, anche quando ridevano alle battute di cattivo gusto che Antonio faceva su di me. A un certo punto, però, ho avuto il bisogno di essere egoista e venire qui. Da sola» conclude, passando una mano rugosa sul suo divano tutto colorato, pieno di ricami. Sembra quasi che gli stia facendo una carezza affettuosa.

«Pensi ti odino per questo?» chiedo, e quasi subito mi pento di aver usato la parola «odio» in questa situazione.

Lei non sembra esserne turbata, anzi, sembra serena. «Sono tornata a vivere quando Antonio ci ha lasciati. Sembrerò egoista, ma ho provato a esserci per i miei figli finché hanno avuto bisogno di me, anche quando nessuno si interessava di come stessi io. La violenza psicologica ti distrugge piano piano. Lui mi ha fatto sentire inutile per tanti anni.»

Si alza di scatto e indica tutta la casa: «Ma guarda ora quante belle cose faccio! Io sono questa! Colori e arte. Magari tra un po' tornerò a sentirmi anche madre, ma non prima di ricordarmi che, prima di tutto, sono Pasqualina.»

Sorrido. «Hai fatto la cosa giusta. Se davvero sono affezionati a te, capiranno perché sei qui.»

«Io gli spedisco sempre regalini, senza parole o scritte. Tutto fatto a mano. Penso spesso a loro, e questo è il mio modo di farglielo sapere.»

Annuisco. *Non devi giustificarti, Pasqualina.* Vorrei dirglielo, ma lei, con un'agilità insospettabile per una settantenne, sparisce in camera da letto e torna con due piccole tele e degli acquerelli.

«Facciamo qualcosa di bello. E poi, se vuoi, mi racconterai cosa ti è successo nei giorni scorsi.»

Disegnare. Da quanto tempo non lo faccio?

Mi piaceva pensare che fosse una delle mie passioni. È stato Ben a farmi notare per la prima volta che non praticavo questa «passione» da un secolo.

Un tempo, però, lo facevo spesso – come minimo, ogni volta che volevo cercare di capire cosa mi passasse per la testa.

Ed è questo che facciamo ora io e Pasqualina: io parto con una base grigia, senza sfumature o altri colori. Triste, banale grigio. In un angolo del foglio disegno una piccola figura nera accucciata, le gambe portate al petto e la testa chinata su di esse. Un piccolo cuore rosso giace al suo fianco.

E mentre disegno, quasi senza accorgermene, inizio a parlare. Le racconto degli appuntamenti, per davvero. Dei messaggi. Le racconto di Filippo, dei miei pensieri, delle mie sensazioni.

Pasqualina non ribatte, non cerca di dirmi come dovrei sentirmi: si limita ad ascoltare. Solo quando le ripeto le parole che mi ha rivolto Filippo prima di andarsene lei ribatte, con la sua voce sottile: «Tu sei speciale, tesoro. Sei speciale».

Io vorrei risponderle, ma non so bene cosa dire. Resto interdetta per un momento e poi continuo il mio racconto.

Le parlo della sensazione di vuoto, del non capire bene cosa stia succedendo, del vedere il mondo come un susseguirsi di immagini statiche.

E lei mi fa la domanda più semplice e devastante che potessi ricevere: «come stai?»

Fisso a vuoto la tela che ho di fronte e il mio corpo trova nuove lacrime da spingere contro i miei occhi, che combattono per rimandarle indietro.

Rimango in silenzio.

«Mi descrivi sempre cosa succede, ma quasi mai cosa provi tu» aggiunge. «Ti sei mai fermata a riflettere sulla possibilità che tutti questi eventi ti facciano provare... tristezza?»

Respiro piano. *Tristezza*?

«C'è un vuoto che hai qui...» allunga la mano e la appoggia delicatamente sul mio sterno. «...che tu provi a riempire con queste avventure. Ti sei mai domandata perché?»

«Io mi voglio solo divertire con loro» dico. *Penso*.

«Però quello che mi hai descritto finora non è divertimento» sussurra dolcemente Pasqualina. «Non c'è niente di male a volersi divertire. Ma a me non sembra che sia quello che tu vuoi. Mi sembra che sia forse l'unico modo che conosci per colmare questo vuoto qua. Che sia l'unico modo in cui ti sembra di poter ottenere affetto.»

«Forse stai un po' esagerando, Pasqualina» parto sulla difensiva. «Stai dicendo che disapprovi? Non mi sembra così drastica come situazione.»

Lei scuote la testa e alza le mani in segno di resa. «Non sto affatto dicendo questo. Scusa, forse ho corso troppo, certe emozioni vanno maneggiate con cura.» Indica la mia tela con un sorriso lieve. «Soprattutto quando si ha paura di guardarle per davvero, dopo averle nascoste per tanti anni.»

Poi recupera un biglietto da visita dalla tasca dei suoi pantaloni colorati e me lo porge. «Vedilo come un consiglio da nonna: fai un salto qui. Secondo me ti farà bene.»

12

Le Signore del lunedì

«Ciao a tutte!» dice in tono pimpante la signora bionda con addosso un vestito floreale; «Katia» mi pare ci sia scritto sul cartellino che ha appiccicato sul petto. È in piedi, e osserva con aria entusiasta le sedie in plastica bianca disposte in cerchio attorno a noi in questa piccola stanza. Sui muri colorati, a vari gradi di stortura, sono appesi fogli e cartelloni con frasi che mi aspetterei di trovare sul profilo Instagram di una cinquantenne divorziata: «Il mio ex diceva che ero una rompiscatole. Io dicevo che ero emancipata» o «Io non mi sono rifatta una vita, me la sono presa indietro». Slogan femministi un po' *agé*, insomma.

Appena Katia le saluta, tutte le donne presenti applaudono e ricambiano emozionate il saluto, come se non fossimo sette cristiane in croce. *Dove prendete tutta questa energia alle sette di sera di un giorno feriale, lo sapete solo voi.*

Mentre parlottano, mi guardo attorno anch'io: potrei azzardare e dire che la più giovane tra di loro ha una quarantina d'anni, mentre la più anziana dev'essere sui settanta.

Tutti portati bene, ovviamente.

Si differenziano tra di loro per lo stile: alcune sono vestite in maniera semplice, altre sfoggiano piccoli tocchi di raffinatezza. Ma ciò che le accomuna tutte è una collanina con una piccola stella appesa al collo.

«A me l'hanno data vuota» dico alla mia vicina di sedia («Barbara» dice il cartellino sul suo petto), indicando la catenina intorno al mio collo.

Lei ridacchia sotto i baffetti perfettamente depilati e lancia uno sguardo furbo a Katia.

Ma mi stanno prendendo per fessa?

«Ma che cosa c'è da ridere?»

I sandali beige della leader si muovono verso di me (ma non prima che si sia scusata per il fatto che dà le spalle alle altre partecipanti). Si fermi a neanche un metro di distanza da me e si porta le mani ai fianchi, scuotendo drammaticamente la testa.

«Siamo peperine, eh?»

«Peperine»? Ma cosa siamo, negli anni Sessanta?

«Che ne dici se prima ti introduci a noi, tesoro?» mi verrebbe spontaneo ritrarmi da una domanda così aperta; ma l'accento campano di Katia risuona forte e simpatico, rendendo le sue parole tutto fuorché aggressive.

«Shailene, venticinque anni e single. Me lo chiedete perché c'è qualcuna tra voi che vuole farmi da *sugar mommy*?»

Scoppiano tutte in una risata e io le guardo interdetta.

«Cos'ha detto? Sciu... Sciuga... Asciugamani?» domanda a voce piuttosto alta la più stagionata del gruppo.

Katia, per tutta risposta, si allunga e mi pizzica una guancia con affetto.

«Oh, voi giovani siete così sciocche!»

Eh, io ci ho provato.

«Va bene, ho capito. Hai bisogno di tempo per aprirti. Tranquilla, nessuna ti corre dietro. Tanto siamo qui tutte le settimane da... almeno otto anni, penso» prosegue la bionda tornando al suo posto nel cerchio. Attorno, le altre fanno brevi cenni di assenso.

«Pasqualina mi ha accennato che saresti venuta, ma non penso ti abbia spiegato chi siamo noi. Giusto?»

Faccio segno di no con la testa. «Vi ha chiamate "Le Signore del lunedì".»

È scritto a caratteri cubitali sul muro, in corsivo. Sicuramente dipinto da una di loro. Forse quella con il bob nero e gli occhiali alla mia sinistra: ha l'aria di un'artista.

Katia sorride come se le avessi fatto il più grande complimento possibile.

«Esatto! E cosa siamo noi, Signore del lunedì?» domanda alla sua ciurma. E intorno a noi scoppia un coro di urletti entusiastici: «forti!», «coraggiose!», «senza limiti!», «buone!», «creative!» e così via.

Gesù, ma sono fuori di testa. O magari ubriache. Dovevo portarmi un cicchetto anch'io? Buttarlo giù dietro la porta, prima di entrare?

Non voglio essere cattiva, ma credo proprio che la mia faccia stia parlando per me. Cerco di stemperare l'imbarazzo che provo facendo una domanda.

«Perché vi chiamate così?» chiedo quando iniziano a sembrare meno agguerrite.

«Il lunedì è il giorno del cambiamento» inizia a spiegare Katia, «ma passano così tanti lunedì prima che effettivamente si faccia qualcosa…»

Abbiamo scoperto l'acqua calda, ragazze? Avranno letto questa informazione rivoluzionaria su qualche pagina Facebook?

«Arriva sempre quel lunedì di troppo che ti fa capire che non rimandi per pigrizia ma per paura» continua Katia. Sono confusa.

«Paura di…?»

Non va più di moda contestualizzare?

«Paura di prendere la propria vita in mano dopo che qualcuno ce l'ha portata via.»

«Scusate, *ragazze*, non vi seguo» dico, e con la coda dell'occhio noto qualcuna delle altre ringalluzzirsi per il mio «ragazze».

«Siamo qui per aiutarci a vicenda a essere viste, capite e ascoltate, specialmente quando verso di noi nessuno l'ha mai fatto» risponde ancora Katia. «Molte di noi vengono da legami, storie personali o matrimoni che ci hanno convinte di essere inutili. C'è chi ha subito violenza fisica, chi verbale...»

La vedo lanciare uno sguardo d'intesa alla signora alla mia destra, che continua prontamente il suo discorso.

«Il fatto è che cresciamo abituate a una routine… una routine fatta di mancanze che, se si ripetono per tanto tempo, iniziano a sembrarci normali. Io, per esempio, ho fatto la casalinga per tanti anni: sveglia presto per preparare la colazione, pulizie, poi cucinare il pranzo, sparecchiare, altre pulizie, spesa, tempo coi bambini, cena, sparecchiare, a letto. Aggiungici le lavatrici, le lavastoviglie, tutti i favori fatti a mio marito, che aveva pure il coraggio di alzare le mani se era di cattivo umore per i fatti suoi!»

Strabuzzo gli occhi, ma, prima ancora che possa rispondere, una donna vicina a Katia parla: «Ti dicono che è nervoso ed è normale, lui lavora e tu sei a casa, no? "Fortunata che te ne stai con le mani in mano!" Se solo sapessero...»

«Mani in mano! Certo! Perché sennò ti arrivava una sberla e te ne dovevi stare pure zitta!» esclama un'altra.

«Uomini inutili!» strilla un'altra ancora.

«Calme» alza il tono Katia, ritornando subito con lo sguardo a me, «che confondete la ragazza: non siamo un covo di pazze, sia chiaro. Siamo un gruppo di sostegno per donne che si sono perse e sentono il bisogno di ritrovarsi.» Sorride di nuovo, e stavolta vedo bene le piccole, dolci rughe che le si formano agli angoli degli occhi. «Qui impariamo l'amore per noi stesse senza doverlo cercare in un uomo che non sa darcelo.»

Aggrotto le sopracciglia. «E perché Pasqualina mi ha mandata qua?»

«Diccelo tu» sorride ancora Katia. L'atmosfera cambia, la sento addolcirsi, la donna alla mia destra mi stringe la mano e la mia confusione non fa che aumentare.

«Di solito facciamo fare un piccolo esercizio alle nuove arrivate» prosegue Katia, prima di recuperare dei fogli e delle penne da sotto la sedia e iniziare a distribuirli. «Ci descriviamo con delle parole o degli aggettivi per vedere come ci percepiamo, okay? Io, per esempio, per descrivermi userei il colore viola. Oppure il suono di una risata. Capisci cosa intendo dire?»

Annuisco. *E va bene, faremo pure questa.*

«Parla pure di te in terza persona se ti fa sentire più a tuo agio.»

Sì, vabbè, E.T. telefono casa.

«Vediamo che posso fare» sospiro, iniziando a scrivere sul foglio.

Parlare di me non è mai stato facile, non so descrivermi in modo diretto. La mia mano traccia sovrappensiero la parola «divertente». *Ma secondo chi?*

«Solare». *Cos'è? Me lo dico da sola?*

Poi mi ricordo che Katia si è definita «viola» e so già come sarà la mia lista. Passa una quindicina di minuti prima che suoni un timer messo dalla capobranco.

Soddisfatta e sorridente, Katia apre la cover (ovviamente a portafoglio) del suo telefono e spegne la sveglia. «Sei pronta, Shailene?»

«Direi che sono nata pronta, ma il giorno della mia nascita mia madre ha dovuto fare un cesareo per salvarsi la vita. Quindi direi che sono nata improvvisatrice.»

Le donne se la ridacchiano di gusto e quindi ci tengo a specificare che devono «leggere tra le righe», giusto per aumentare l'effetto drammatico, prima di svelare quello che ho scritto.

Mi schiarisco la gola e cala il silenzio, che cerco di ignorare.

«Shailene è una giornata d'inverno col sole; una canzone triste che diventa confortante; l'arcobaleno che cerchi quando ti ricordi che ha smesso di piovere; una conversazione profonda fatta di notte su una sedia di plastica; un sudoku che sembra semplice ma che scopri di non riuscire a finire; la paura del buio e di non sapere; l'ansia costante di perdere il treno; una bandiera che vede in quante direzioni può portarla il vento ma rimane attaccata all'asta; la luce di un faro che improvvisamente sparisce; la sensazione di vuoto quando non riesci più a toccare perché l'acqua è troppo profonda; il soffione che viene raccolto e soffiato via; una lista di punti mancanti che non riesci a ricordare.»

La stanza rimane silenziosa, così alzo gli occhi dal foglio e mi guardo attorno: i loro sguardi sono tutti diretti verso di me.

Vedo empatia, dolcezza. Delle madri che guardano un bambino ferito e vorrebbero aiutarlo come se fosse loro figlio.

«Ho finito» aggiungo per sicurezza, arricciando le labbra. *Rischia di diventare imbarazzante.*

«Che belle parole, Shailene» mormora la donna alla mia sinistra. Poi scoppiano tutte in un piccolo applauso caloroso.

Vorrei definirlo imbarazzante, invece sorrido.

Forse non sono pazze: sono solo delle donne che vogliono ascoltare ed essere ascoltate.

«Grazie» ridacchio, «per la mia famiglia sarei stata esagerata.»

«Lascia stare la tua famiglia, non sei il risultato delle loro parole» quasi mi rimprovera Katia. «Cosa sei per te stessa?»

Cosa sono? Non ci ho mai pensato.

13
Ricordare

Esco dal centro con l'aria di una a cui hanno rubato il portafogli in metro: stordita, confusa e arrabbiata con un qualcuno che è scappato portandosi via la mia identità.

Parlare di sé è sempre un po' strano, soprattutto quando ti ascoltano.

Perché sei così interessato ai fatti miei? Cosa ci guadagni? Perché stai empatizzando con me? Cosa provi tu? Parliamo di te, preferisco!

L'odore d'incenso alla salvia si è appiccicato ai miei vestiti e, considerando quanto sono entusiasta ogni volta che mi tocca fare una lavatrice, temo proprio che questo olezzo rimarrà in casa mia per un po'. *Qualcuno si ricorda se usare l'incenso è considerato appropriazione culturale?*

«Accogli la tua bambina interiore» mi ha detto la signora con la frangia nera, dopo avermi fatto articolare la mia lista.

A quanto pare ci si può girare intorno quanto si vuole, ma tutte le mie similitudini parlavano di una me triste. E Le Signore del lunedì non accettano che una ragazza così giovane sia già così abbattuta.

Per carità, mi definirei felice? Non particolarmente. Ma penso ci sia un mondo prima di arrivare a definirmi triste.

Però è vero che la mia «bambina interiore» corre ovunque e si nasconde nei posti peggiori. Tipo tra le lenzuola di Filippo. Che detta così suona parecchio male.

«Nascondere», in effetti, è proprio la parola giusta. Secondo le Signore, devo guardare in faccia le mie emozioni. Forse è da loro che sto scappando.

Ma cos'è tutta questa introspezione? La vogliamo smettere!

Fuori dal covo delle Signore del lunedì, seduto su una panchina isolata e circondata dai fiori della primavera inoltrata, c'è Benedetto. Ha il cappuccio tirato su anche se non piove. Lo fa solo ed esclusivamente in due occasioni: quando vuole sembrare misterioso, o quando ha i capelli unti. Di quale delle due possibilità si tratti ora, è impossibile dirlo: con lui è sempre un cinquanta e cinquanta.

«Eccoti, finalmente. Ora posso avere aggiornamenti sulla tua vita o devo vestirmi da anziana e imbucarmi a questo gruppo di fricchettone?» dice in tono piccato.

«Lascia stare le mie povere icone *milf*» lo canzono, sedendomi di fianco a lui.

È da un po' che non lo aggiorno sulla mia vita: ho avuto bisogno di staccare. Benedetto mi vede, e io avevo bisogno di stare in un angolo con me stessa. Quindi ho solo accennato a questo incontro tra donne.

«Poverine, non sapevano che avevano il diavolo in persona tra quelle mura.»

«Invece guarda che ho superato me stessa» ribatto, e mi appoggio la mano sul petto. «Sono stata così teatrale, mi hanno amata.»

«Sembra che tutte le donne riescano a farlo tranne tua madre.»

«Già. Inspiegabile, vero?»

Alzo gli occhi al cielo.

«Comunque, dato che sei rimasto un po' indietro, la faccio veloce: hai presente Filippo? In realtà si chiama Andrea, ha una moglie e due figlie e ci sono tornata a letto insieme.»

«Dopo che hai scoperto che era sposato?»

Annuisco.

«Hai detto alle Signore che sei una laida senza rispetto per te stessa?» chiede, accavallando le gambe. «O ti sei limitata a dire che sei vittima di questa società?»

«Esagerato» sbotto «ci sono tornata a letto perché me la sentivo, tutto qua. Ma non penso ne sia neanche valsa la pena. Anche perché alla fine mi sono ritrovata da sola nella stanza di un motel, a guardare il muro e piangere».

Lo sguardo di Benedetto sembra preoccupato ma mi invita a continuare con un gesto della mano.

«Non so bene cosa io abbia provato, onestamente.»

«Credo di immaginarlo. Qualcosa tra lo squallore e la dissociazione. Ho ragione?»

Annuisco: la parola dissociazione sembra… giusta.

«Ci siamo passati, Shailene. Io e te. Abbiamo incontrato uomini che non ci hanno fatto sentire a nostro agio ed è così che il nostro corpo si protegge. Possiamo scherzarci su quanto vogliamo, ma questo rimane» mormora, con un tono di voce più quieto.

«Sicuramente abbiamo sviluppato un sarcasmo niente male» dico. «Però ci ho pensato molto. Filippo mi ha fatto stare male perché mi ha detto che non sono speciale. Che, per carità, ha senso. L'ho visto due volte ed è sposato. Ma nella mia testa ero convinta di esserlo… capisci?»

«Sì, capisco. Però… non sono stupito. Non credo che tu fossi speciale per lui. Ma non c'entra con te. Diciamo che dare il tuo corpo è la cosa più vicina al sentirti vista che hai mai provato.»

«Il corpo si è chiuso, Ben. Non riesco neanche più a toccarmi. E non intendo in senso spirituale, tipo "meditazione tantrica". Proprio… niente. Bloccata. Come se avessi installato l'antifurto emotivo.»

«Forse il tuo corpo si è rotto le palle di essere trattato come un usa e getta.»

«Forse sì. Forse è più intelligente di me. Forse ha capito che Filippo/Andrea è solo un placebo sessuale. Uno di quelli scaduti.»

Allungo un braccio verso il prato alla mia sinistra sperando che Madre Natura si prenda in carico anche la mia crisi. Spoiler: l'erba non cura il trauma. Al massimo pizzica.

«Comunque, non so se torno al gruppo. Cioè, sono brave, eh. Sincere. Ma io non ce la faccio a reggere tutta quella vulnerabilità, tutta insieme. È come farmi vedere nuda, ma non nel modo in cui sono abituata.»

«Forse non è il tuo momento. O forse lo è, proprio perché ti fa schifo.»

«Che fastidio quando hai ragione» mormoro.

«Ehi» dice dopo un attimo. «Lo sai che ore sono?»

«Dimmelo tu» sorrido, immaginando già dove vuole andare a parare.

«Le 19:12.»

«Oh, non di nuovo.»

Poi ci penso un attimo.

«Aspetta, com'è possibile? Erano le sette quando sono arrivata dalle Signore.»

Benedetto ridacchia sotto i baffi e io gli prendo il telefono dalle mani: le 20:12.

«Se davvero sei stato un passeggero del Titanic, eri uno di quelli che hanno mentito per imbucarsi in prima classe» borbotto. Al mio fianco, Ben ridacchia.

Io lo guardo. Lui mi guarda.

Ci sono pezzi della mia vita che sembrano storie, allucinazioni. Racconti privi di emozioni che non mi ricordo di aver vissuto.

Con Benedetto non devo giustificarmi: spesso ridacchiamo mentre pensiamo a viaggi, uscite e vacanze fatte insieme di cui nessuno ricorda una sola cosa. Mettiamo insieme i pezzi e ricomponiamo una dinamica di cui non siamo sicuri. Finendo per avere sempre il dubbio che le cose non siano successe davvero.

Ma non aggiungiamo altro.

Le risate portano via i brutti pensieri e a volte, come oggi, non facciamo che sederci in silenzio, percependo il male dell'altro.

Se dovessi descrivere la nostra amicizia, userei un'immagine di noi in mezzo all'oceano, mano nella mano, a galleggiare in silenzio a pancia in su.

Diamo le spalle al buio mentre ci teniamo stretti. E guardiamo in alto.

È raro che io e Benedetto parliamo dei nostri problemi in modo serio, forse perché esternarli li renderebbe reali. Ma li percepiamo.

So quando Benedetto ha bisogno di tempo. E lo aspetto. Forse perché non ricordo un passato senza di lui e do per scontato che il futuro sia uguale. Amicizie di convenienza? Non ce la faccio.

È l'unica persona che con me sa esattamente cosa dire, sa sempre su cosa può scherzare. Con lui non ho bisogno di fingere, non ho paura di dire cosa provo e non sono mai delusa della risposta.

Perché lui è la cosa più vicina a me che abbia mai incontrato e so che per lui è lo stesso. Forse ci rende questa sofferenza un po' più lieve, sapere di avere qualcuno che nonostante tutto ci capisce. Non so come farei senza di lui.

Perché se una cosa riesco a ricordare, tra tutti questi vuoti di memoria, è che gli ho sempre voluto bene.

14

Le Signore del lunedì: la vendetta di Katia

Stessa stanza, stessa sedia e stessi occhi che mi guardano come fossi un cucciolo ferito. Non so se mi faccia sentire più a disagio questo o gli uomini che come primo approccio scelgono un "foto tette?", seguito da emoji ortofrutticole con diversi gradi di allusione sessuale. *Benedetto sceglierebbe sicuramente la prima opzione.*

È stato lui a insistere affinché dessi almeno una seconda possibilità a questo gruppo. «Non puoi decidere dopo una sola volta. E poi, male che vada, almeno stai provando a fare qualcosa di diverso dal solito.»

«Ma se faccio mille cose diverse!» gli ho risposto io indispettita; e lui prontamente ha ribattuto «Sì, le fai per o con gli uomini. Ma mai per te stessa». La mia risposta? Beh… eccomi qui.

Maledizione a te, Benedetto. Sia mai che una ragazza voglia fare attività in compagnia! Però è vero, oggi non avevo molto da fare. Tanto valeva tornare qua.

La signora Katia sembra già su di giri: tiene in mano dell'incenso e lo brandisce da un lato all'altro per purificare noi e l'ambiente. *Forse dovrei presentarle Elisabetta.*

Mi torna di colpo in mente uno dei tanti tizi con cui sono uscita tempo fa, che sosteneva di aver dovuto affrontare sei demoni nel corso della propria vita, e di essere lui stesso il settimo. Io ero scoppiata a ridere e lui si era offeso. L'ho visto una volta, eravamo stati a letto e poi… E poi?

Che pezzo di figo che era. Dovrei riscrivergli.

O forse no. Non lo so.

«Oggi sento un'energia nuova» sorride Katia, e ci guarda tutte, una per una. «Come ogni giorno, d'altronde: perché siamo in continua evoluzione, ricordate?»

Annuiamo. *Oddio, mi sono già fatta infinocchiare da queste scemenze motivazionali?*

«Che crediate in Dio o in qualcos'altro, penso che siamo tutte d'accordo sul fatto che sì, bisogna amare il prossimo, ma prima di tutto bisogna amare noi stesse.»

Detto questo, Katia inizia a muoversi tra di noi, sfiorandoci le spalle. Quando passa dietro di me, sento il rumore dei suoi tacchi e il tintinnio dei braccialetti. «E voi, cosa fate per voi stesse?»

«Io ho iniziato a correre tutte le mattine!» risponde una donna coi capelli bianchi raccolti in una lunga treccia alla francese.

«Beh, anche io porto fuori il cane quasi tutte le mattine e le sere» dico. Tutte si girano verso di me, confuse. «Che c'è?» chiedo perplessa.

«Per te, ho detto, Shailene» sottolinea Katia.

«Per me, ho risposto, Katia» scandisco.

«È per il tuo cane, Shailene» ritenta.

«Non ci stiamo capendo, Katia, è anche per me.»

«Se non fosse per il tuo cane, ti ritaglieresti il tempo per andare a camminare?» domanda la signora alla mia destra.

«Penso di no» rispondo velocemente mentre noto un ghigno benevolo spuntare sul viso della leader.

«Esattamente ciò che intendevo dire, Shailene» ridacchia e mi pizzica una guancia. «Non è una cosa che fai perché ti piace. Non lo stai facendo per te.»

«Ci siamo passate tutte, tranquilla» sorride la donna alla mia sinistra stringendomi la mano.

«È facile perdersi e annullarsi, e non riuscire più a capire cosa significhi fare le cose per sé.»

«Scusate, ragazze, a me sembra che la stiate facendo un po' tragica. Considerate che lavoro, non è che abbia tutto questo tempo libero.»

Ma quanto sono bugiarda.

«A meno che tu non sia sfruttata da una grande catena di *fast fashion*, immagino che lavorerai più o meno otto ore al giorno. In una giornata ce ne sono ventiquattro: togline otto per dormire, se vogliamo essere generose, e te ne rimangono altre otto.»

«Sì, come no, otto ore di sonno le vedi col binocolo quando hai figli» scherza un'altra e tutte scoppiano in una risata fragorosa: intorno si alza un coro stonato di «non dormiamo mai!» e «siamo stremate!». *Dire che considero Red come una figlia è esagerato?*

«Ti aiuto io a capire, cara» dice la signora con la treccia. «Io per me stessa corro, mi fa sentire libera e felice quando penso che sto facendo qualcosa di buono per il mio corpo. Però amo anche il teatro e, nonostante l'età, mi sono iscritta a un gruppo di recitazione. Mi cucino piatti salutari ma sfiziosi... Insomma, mi coccolo. O almeno cerco di farlo, in tutti i modi possibili.»

«Ma con che voglia fai tutte queste cose? Non ti perdi?» domando. «A volte è già tanto se mi ricordo di fare la spesa o anche solo di mangiare.»

«Anche in dinamiche che non riguardano te ti trovi così svogliata?» chiede Katia.

Mi ritraggo contro lo schienale della sedia.

«Cosa intendi?»

Katia risponde in tono accomodante: «Sei stanca e svogliata anche quando le tue energie e il tuo amore li devi dare agli altri? Se c'è un ragazzo che ti piace, come ti comporti?»

«Oh. Touché» dico, alzando le mani in segno di resa. «Non lo negherò, okay?»

Mi sorride ma in modo caldo. «Sai che l'amore che non ci danno da piccoli lo cerchiamo da grandi?»

Oh, no. Stiamo per fare trauma dumping di complessi infantili? Questa frase da dove viene, psicologibravi.it?

«È fatto in modo inconscio, giustamente» aggiunge un'altra, «quel vuoto vogliamo riempirlo in qualche modo, ma non sempre abbiamo gli strumenti per farlo nella giusta maniera.»

«Non è colpa tua» dice Katia. «Abbiamo tutte bisogno di sentircelo dire. So che non capirai, che ti sembreremo delle vecchie esagerate. Ma qualsiasi cosa tu faccia per sentirti meno vuota, non è colpa tua se ti sembra di star male. A volte è più facile amare gli altri che amare se stesse.»

«Ragazze mie, non pensate di star correndo un po' troppo?» ridacchio, «vi ricordo che ho solo detto che porto fuori il cane ogni mattina e ogni sera.»

Sono un po' tragiche, le ragazze.

«A volte basta leggere tra le righe» risponde l'artista dai capelli neri dell'ultima volta. «O forse è solo che ci rivediamo in te.»

«Siamo in un gruppo, però» puntualizzo, «parlate pure voi, non focalizzatevi su di me.»

«Se non volessimo parlare di te, non ti faremmo domande, tesoro» risponde lei, facendomi l'occhiolino.

«Nessuno qui è obbligato a fare nulla, è un gruppo di supporto. Però abbiamo capito tutte, chi prima e chi dopo, che molti problemi sono radicati dentro di noi, e per risolverli non c'è altra strada se non guardarli in faccia.»

La signora alla mia destra, Barbara, torna a parlare: «Pensa che io ho gridato contro i miei figli per anni prima che uno di loro mi chiedesse "mamma, ma perché sei sempre arrabbiata?" e, ti giuro, quel giorno mi è crollato il mondo addosso. Perché ero sempre così arrabbiata? Ero così abituata a esserlo che neanche mi rendevo conto del problema. Mio marito riusciva a darmi solo della pazza ma, allo stesso tempo, non sarà mai il tuo problema a darti la soluzione. Così sono andata in terapia e ho iniziato a conoscermi, partendo dai tempi dell'infanzia.»

«Quante cose che ci portiamo dietro da bambini!» esclama la donna alla mia sinistra. «Come parliamo, come ci approcciamo, come pensiamo…»

«Esattamente. Per questo è importante sentirsi visti, sentirsi capiti.»

«Ti sento e ti capisco, Katia» rispondo con una punta di sarcasmo.

Lei ridacchia. «Sciocca. Non ti si può dire niente.»

«Ecco, questo me lo diceva pure mia madre» ironizzo. Alla fine, il range d'età delle donne che mi circondano è lo stesso.

«E solitamente quando te lo diceva?»

«Volete estorcermi informazioni con l'inganno? Sono facilmente manipolabile, non preoccupatevi.»

Socchiudo gli occhi e le guardo tutte, una per una.

«Sono una povera ragazza cresciuta in una famiglia disfunzionale: papà emotivamente assente, madre fin troppo presente ma mai nel modo giusto, sorella cresciuta con problemi di rabbia. Bullismo, lasciato la scuola, relazione tossica, dinamiche sessuali esuberanti... sono una finta rossa sexy e persa» dico in tono fintamente sconsolato, scuotendo le spalle. «Non penso molto al futuro perché mi fa paura. Ho la terza media, lavoro in un supermercato, vivo in una catapecchia con un cane che a detta di tutti ha problemi di salivazione eccessiva e, a quanto ho scoperto oggi, non ho passioni e non so fare nulla per me stessa.»

Ops. Detto ad alta voce suona tutto così drammatico. Stringo le labbra: queste frasi le preferisco perse dentro di me. Mi sembra che pronunciarle le abbia sparate a velocità supersonica nella stanza, che girino a vuoto senza sapere dove andare. In questa stanza, sembrano vere.

«Non era mia intenzione risultare così drammatica» borbotto dopo un attimo di silenzio.

«Shailene, non sei drammatica» mi rimprovera Katia. «Sono tante informazioni, tante emozioni brutte. Non sai cosa farne.»

«Esattamente» dico. «Però non provo niente attualmente, sia chiaro. Non ci sto male.»

«E cosa fai quando stai male?» interviene Barbara.

Mi fermo a riflettere. Non riesco a ricordare quand'è stata l'ultima volta in cui ho pensato che stavo male.

«Non so. Non mi capita spesso. In genere mi annoio e basta.»

«D'accordo, allora cosa fai quando ti annoi?» chiede ancora Barbara.

È strana la maniera in cui mi parla e mi guarda. *Mi sento così... visibile.*

«Mah, di solito... esco con qualcuno di nuovo. Vado a bere qualcosa. E poi... quello che succede succede.»

«E dopo ti senti bene?»

Ma che domanda è?

Mi blocco.

È una domanda stupida. Eppure, per la seconda volta qui, io non so rispondere.

15

Hai battuto la testa?

«Queste arance le ho comprate la settimana scorsa. Erano praticamente fatte d'acqua. Quando ho provato a farci la spremuta, non sapeva di niente!»

«E secondo te come mai la spremuta non sapeva di niente, Bepi?»

«Perché siete dei truffatori!»

«No, Bepi, le arance non sanno di niente perché è maggio!»

«E allora perché le vendete?»

«E allora perché le compri?»

«Ehm... scusi... posso pagare?»

Questa l'ho già sentita.

La minuscola Elda sta in piedi davanti alla cassa, stringendo tremante il manico del suo carrellino. Potrei fargliela io la spesa ormai: formaggini, fusilli, passata di pomodoro, caramelle Rossana e mele gialle e farinose.

Mentre le sorrido, si sente in lontananza il campanile battere le due e mezzo del pomeriggio. *La fine del mio turno.*

«Forza, Bepi, mi stai bloccando la coda alla cassa.»
Chissà cosa ne penseranno i suoi amici del burraco.

«No, no, aspetta un attimo. Ho un'altra cosa da dire sulle arance...»

«Senta!»

Per un momento restiamo tutti e due a bocca aperta: non ho mai sentito Elda parlare a voce così alta. Per la verità, non l'ho mai sentita esprimersi con altro che mormorii (o, occasionalmente, squittii).

«Senta, lei» prosegue Elda, brandendo il piccolo pugno, «ogni settimana la incontro qui a infastidire questa ragazza. Ma non ha niente di meglio da fare? Perché non se ne torna al bar?»

Bepi sembra sconvolto: lascia cadere la confezione mezzo squarciata di arance, che si sparpagliano per terra come tante biglie.

«Allora?!» squittisce di nuovo Elda, tirando in avanti il carrellino. Quasi quasi mi aspetto che glielo tiri addosso. *Oh, forse un po' ci spero.*

Probabilmente anche la mente di Bepi è attraversata dallo stesso pensiero, perché lancia uno sguardo preoccupato a Elda e alla sua possibile arma e, senza un'altra parola, si precipita fuori dalle porte automatiche del supermercato. Come se niente fosse, Elda mi si para davanti, apre la tasca del carrellino e inizia tranquillamente a poggiare i prodotti sul nastro trasportatore.

«Elda?»

«Sì?»

«Elda, cosa... come...»

La vecchina mi guarda da sotto la sua nuvola di capelli candidi.

«Non mi arrabbio spesso, perché non mi piace. Ma mi piace ancora meno veder trattare le persone come se non contassero niente. Specie quelle che non se lo meritano, come te.»

Come te. Sento che gli angoli della mia bocca si allargano in un sorriso.

«Elda! Wow!» esclamo, senza riuscire a trattenermi, mentre accetto la banconota dalla sua mano e le consegno il resto. «Sei un membro segreto delle Signore del lunedì anche tu?»

«No», risponde Elda, «le conosco, ma non ci posso più andare. Il lunedì a quell'ora fanno *Tempesta d'amore* in tv.»

Poi, come se niente fosse, si tira dietro il suo carrellino ed esce dal supermercato.

Persino Elda. E subito dopo un altro pensiero mi attraversa la mente: *aveva un aspetto così forte.*

Raccolgo le mie cose e mi preparo a cedere il turno alla prossima impiegata: mi tolgo la polo ruvida con il logo del supermercato, sciolgo i capelli ed esco dal portone posteriore del negozio. Proprio mentre inizio a incamminarmi verso casa, sento il telefono squillarmi in tasca.

Eh, no, se la mia sostituta è di nuovo in ritardo stavolta non mi fermo.

«Ah, quindi alle chiamate rispondi.»

Ho un sussulto: il display diceva solo «numero privato». Non mi aspettavo di sentire la voce di Sarah.

«Se mi chiamano a tradimento col numero privato, sì, rispondo.»

«L'ho fatto apposta. Se no accetti le telefonate solo quando fa comodo a te.»

Ma cosa vuole?

No. No, aspetta.

«E va bene. Hai ragione.»

Dall'altro capo del telefono arriva una risata incredula.

«Ma hai battuto la testa?»

«Ah, ah. Molto divertente.»

«Sono uno spasso, lo so. Comunque, che succede?»

Sarah esita per un momento.

«Volevo sapere come stavi.»

Mi sento strabuzzare gli occhi. *Siamo sicuri che sia proprio mia sorella?*

«Dici cose del genere e poi chiedi a *me* se ho battuto la testa?»

«Lo so, lo so. È che dalla cena con papà non ti ho più sentita» sbotta lei, rabbiosa. «Volevo controllare che non fossi finita in un fosso. Oppure, che ne so, controllare che non fossi diventata l'amante di un padre di famiglia a cui non gliene frega niente di te.»

«Sei sempre così delicata.»

«Tutta nostra madre.»

Ridacchio. È divertente in una maniera strana.

«Beh, è vero» ribatto d'impulso. «In un certo senso saremo sempre portate a essere come lei, no? E anche come papà. Ma non è che dobbiamo esserlo per forza.»

«Shay, ma sei sicura di sentirti bene?»

«La finisci? Sto bene, ti ho detto. Comunque, se proprio vuoi saperlo, non mi vedo più con quel...» non so neanche come chiamarlo. *Ragazzo? Uomo? Padre? Insetto?* «...Insomma, è finita.»

«Ti sei già buttata su qualcun altro?»

«No. Sto... occupando il tempo in maniera diversa.»

Ovviamente, non le dico tutto. *Sai, Sarah, adesso di-*

vido il mio tempo tra le sedute di un gruppo di supporto per milf *fricchettone e serate in cui non faccio altro che chiedermi cosa ho fatto della mia vita finora. Un sogno.*

Chissà come reagirebbe.

Sarah ci mette così tanto a ribattere che sono tentata di sbirciare il display per controllare che non sia caduta la linea. Ma poi, finalmente, risponde.

«Sono contenta.»

«Parole che non credo di averti mai sentito pronunciare.»

«Adesso non esageriamo. Ti ho solo detto che sono contenta di come stai occupando il tempo, mica di come riordini la casa. Quelle sì sono parole che non mi sentirai mai pronunciare.»

«Sei la benvenuta a venire a riordinarmi la casa tu, quando vuoi.»

«Sì, come no, aspetta e spera.»

«Non mi chiedi come sta Red?»

«Ma chi, la fabbrica di cacca e saliva? Non ci penso neanche. Mi sa che questa chiamata è durata anche troppo. Vedi di rispondere ai messaggi, o ti richiamo a tradimento finché non tiri su il telefono.»

Rido di nuovo. Non mi ero mai fermata a pensare a quanto fosse divertente parlare con mia sorella. Strano, stupido e intriso di *mommy* e *daddy issues*, eppure, quando chiudo la chiamata, sto sorridendo.

16
Leggi tra le righe

«La Torre!» un urlo sofferente lascia la mia gola. Mi accascio, vittima del mio destino. «Non può andare sempre così!»

«Che bell'edificio» commenta Pasqualina, sorridente. «Dovrebbe essere un castello delle fiabe?»

«No Pasqualina, è il motivo per cui la fiaba si trasforma in tragedia» mormoro senza riuscire a ricompormi.

Per quanto possa sembrare surreale, Pasqualina è qui, seduta su una delle sedie dalla fodera tarmata con cui Elisabetta ha allestito l'angolo destinato alla lettura dei tarocchi, in questa cantina che si ostina a chiamare «appartamento». Stesso odore di sempre (Palo Santo misto a incenso e marijuana), stessa penombra. Stessi gatti diabolici che ci osservano dagli angoli della stanza.

Merlino non è ancora comparso, ma è solo questione di tempo.

Sentivo di dover fare qualcosa di speciale per Pasqualina, per ringraziarla di avermi indirizzata dalle Signore del lunedì. Ma non potevo certo prenderle un mazzo di fiori (*fiori a una fioraia? Nemmeno io farei una gaffe del genere*), né farle una torta (*perché tutto quello che cucino si trasforma in un essere infernale: affumicato e urlante*). Così le ho fatto l'unico regalo che mi sembrava che potesse apprezzare davvero: un'esperienza nuova. E un po' magica.

Perciò, eccoci qui.

«La lasci stare, la Torre è tragedia solo se non si è pronti a un nuovo inizio» interviene Elisabetta, rivolgendosi a Pasqualina e indicando il tarocco poggiato sul tavolino di legno. «La Torre ci allontana da tutto ciò che non ci serve più e ci sprona a mettere le fondamenta per qualcosa di nuovo.»

«Oh, quanto mi emozionano i nuovi inizi!» l'anziana si porta una mano al cuore, quasi come se fosse lei la diretta interessata di questa *sciagura*. «Se la Torre cade vuol dire che le fondamenta non erano solide: bisogna avere coraggio e tanta forza per costruire qualcosa da capo. Però si è avvantaggiati, perché si sa cosa si è fatto di sbagliato la volta precedente.»

Elisabetta annuisce, soddisfatta dall'interpretazione di Pasqualina. «Giusto. Le carte leggono le nostre energie, ci aiutano a capire dove stiamo andando e cosa sta succedendo nella nostra vita.»

«Le carte sperano nella mia caduta e basta» la correggo. «Ma andiamo pure avanti.»

«Vedo che le tue energie si stanno evolvendo... trasformando... non le vedo stagnanti come negli scorsi mesi» spiega ancora la cartomante. «Vedo lavoro di squadra, comunicazione, apertura...»

«Ah, sì» annuisco. «L'unica apertura recente, tranquilla e serena, è stata emotiva.»

«Stai parlando delle Signore del lunedì?» chiede Pasqualina, speranzosa.

Le faccio cenno di sì con la testa e lei sorride soddisfatta. «Ormai saranno già un paio di settimane che ci vado.»

«Si vede» commenta Elisabetta. *Non sa neanche chi siano, ma apprezzo il suo spirito.* «Percepisco del calore: è evidente che ti fanno sentire ascoltata, vista. Ed era necessario per te e per la tua trasformazione.»

«E invece non c'è proprio traccia di qualcuno che vorrebbe vedermi nuda?» chiedo.

«Shailene!» ridacchia Pasqualina. «Concentrati!»

«Lo sono» borbotto, «sono estremamente concentrata sul *mio* obiettivo.»

Elisabetta recupera il mazzo e pesca altre tre carte. Una piccola smorfia le appare sul viso truccato con cura.

«Ebbene sì, Shailene: ci sono uomini che vorrebbero *vederti nuda*. Ma tu, sei pronta a *sentirti* nuda?»

Alzo gli occhi al cielo.

«D'accordo, ho capito, devo essere diretta con la domanda se voglio che tu sia diretta con la risposta: c'è qualche Artù là fuori che vuole infilare la sua spada nella mia roccia?»

«La spada fa male quando il vuoto da riempire è diverso» ribatte serafica Elisabetta, indicando il Tre di Spade davanti a me.

«Mah, ti dirò, la spada è anche parecchio piacevole se usata bene.»

Elisabetta, per la prima volta da che la conosco, assume un'aria vagamente esasperata.

«Si chiamano metafore» dice, sorreggendosi la testa con la mano, come fosse diventata improvvisamente pesantissima. «Leggi tra le righe.»

«Ma potrai chiedere di fare l'analisi del testo a una che ha la terza media?» domando inarcando un sopracciglio.

«Mica sei stupida» risponde, inacidita.

Pasqualina, preoccupata per le nostre bizze, pensa bene di intervenire: «Non è un pezzo di carta a descriverti, Shailene! C'è gente laureata con un cuore cattivo e anche molto sciocca. Quando te la sentirai, continuerai con gli studi. Se vorrai, io sarò qui a supportarti.»

Oh, wow. Questa svolta non me l'aspettavo. Però, un giorno… Tornare a studiare… Chissà.

Accenno un sorriso tenero ma mi ricompongo subito. *Questa dolcezza di donna, cosa ho fatto per meritarmela?*

«Se non te la senti di farlo, posso leggere io tra le righe per te. Ma che sia l'ultima volta» riprende Elisabetta.

Lancio un'occhiata a Pasqualina, che ricambia con un cenno incoraggiante.

«E va bene. Cos'hai da dirmi sugli Artù e le loro spade?»

Elisabetta si fa pensierosa. Credo di non averla mai vista così riflessiva. *O forse è solo più fatta del solito?*

«Che il sesso, se fatto consapevolmente, non ha nulla di male» dice alla fine. «Però tu cerca di focalizzarti su cosa vuoi, cosa cerchi e cosa provi. Capisci i tuoi confini e le tue esigenze.»

Sento un piccolo singhiozzo alla mia sinistra: Pasqualina ha gli occhi lucidi. *Secondo me ha respirato troppa erba stando qua sotto.*

«Per caso vedi il ritorno di un uomo bloccato tra queste righe misteriose?» chiedo d'impulso a Elisabetta.

Un altro sospiro. *Ehi, sono solo una ragazza curiosa.*

Altre carte lasciano il suo mazzo.

«Sì, vedo il blocco da parte tua, ma c'è la possibilità che ti cerchi di nuovo in caso dovesse sentirsi sbloccato. Magari per noia, niente di eclatante. Valuta tu se tornare a parlarci valga di più del motivo per cui l'hai bloccato.»

«Era sposato.»

Sia Elisabetta sia Pasqualina sussultano rumorosamente. *Tanto vale portare al massimo l'effetto drammatico.* «E ha due figlie» aggiungo. Loro due sussultano ancora più forte.

«E cosa vuoi da lui?» chiede Elisabetta. Per qualche motivo, tutto quello che dice suona come la profezia di un oracolo.

«Al gruppo dicono che da lui desidero la conferma che mi voglia ancora.»

«E tu cosa dici, invece?» chiede Pasqualina.

Vorrei risponderle che mi basta pensare alle due notti passate con lui per ricordarmi cosa esattamente voglio che mi dia. Quando mi torna in mente lo stato in cui ero quando mi ha lasciata in quella stanza di motel, però, non ne sono più così sicura.

Dal profondo delle sue visioni mistiche, Elisabetta sembra cogliere qualcosa: «Be', continua ad andare a questo gruppo, ti sta facendo bene. Cerca di non metterti troppo nelle scarpe degli uomini, sennò rischi di dimenticarti cosa stai provando tu.»

«Solitamente non mi metto dentro le loro scarpe, ma–»

«Shailene!» protesta la povera strega di provincia, turbata nella sua armonia universale. «Cosa ti prende oggi? Non mi avevi scritto di star vivendo una trasformazione spirituale?»

«Oh, quante cose lasciano le mie labbra. E quante entrano...»

Elisabetta socchiude gli occhi e inspira a fondo.

«Ecco. Hai sfilacciato le vibrazioni. Dobbiamo interrompere la lettura finché non si saranno riallineate.»

Senza un'altra parola si alza dalla sedia e si dirige in cucina, probabilmente per farsi un tè.

Mi tormento con le dita la collanina, su cui adesso c'è un piccolo ciondolo a forma di stella. Vorrei fermare Elisabetta per dirle che, nei momenti più fragili, scherzo perché ho paura di risultare patetica.

Vorrei dirle che in realtà sono settimane che non riesco ad avvicinarmi a un uomo, perché sto cercando di vivere i rapporti in modo sano, provando a prendermi cura di me stessa e lasciando il sesso come attività piacevole, ma solo se mi trovo affettivamente a mio agio con qualcuno.

Vorrei dirle che la carta della Torre mi fa paura ma mi dà anche sollievo, perché sono pronta a ricostruire la mia vita, piano piano, mattone per mattone.

Potrei dirle tante cose, ma nei suoi occhi l'ho visto che sapeva. Certo, quei venti euro l'hanno sicuramente addolcita, ma in cuor suo sa che non sono ancora, completamente una causa persa.

«Parlando di rifiuti» mormora Pasqualina, prendendo un pezzo di carta dalla sua borsetta ricamata con fiori di tutti i colori, «ho provato di nuovo a farti un piano per le pulizie di casa. Ho iniziato con calma, solo uno sforzo ogni paio di giorni, ma vedremo di aggiornarlo e cambiarlo nel tempo. Che ne dici? Te la senti di provare?»

Afferro il pezzo di carta e lo apro: un piccolo calendario è stato riempito con la scrittura tremolante di Pasqualina e vedo che, per ogni giorno del mese, ci sono piccole faccende da svolgere.

Dallo svuotare la lavastoviglie al portare fuori l'immondizia.

«Vediamo quanto duro» ridacchio, abbracciandola. «Grazie.»

«E di che?» chiede, felice. «L'ho fatto con piacere.»

Mentre la stringo, un fruscio attira la mia attenzione. Mi guardo intorno: Elisabetta non è ancora ricomparsa. *Sarà uno spirito della cantina? Avrà da qualche parte una tavola Ouija, della cui esistenza non sapevo nulla?*

E invece no, è molto peggio. All'improvviso un soffio risuona nella stanza, un lampo peloso sfreccia sul tavolo e, con un tonfo, il tavolino cade a terra, sparpagliando tutti i miei tarocchi sul pavimento.

Merlino, il mio nemico giurato, ha deciso di distruggere ogni traccia delle previsioni sul mio futuro emotivo.

«Essere diabolico» non posso fare a meno di borbottare, mentre cerco di rimediare al danno che ha fatto. E quando mi giro, quel che vedo è molto peggio.

Pasqualina che sorride. Con Merlino in braccio. Che fa le *fusa*.

Questo sì che è un tradimento.

In quel momento, Elisabetta rientra dalla cucina, con una tazza fumante in mano.

«Hai mai pensato di cambiare nome a Merlino?» le chiedo.

«Perché? Che nome proponi?»

«Filippo.»

17
Il gatto giusto

Ci immaginiamo il cambiamento come qualcosa che accade all'improvviso e in modo veloce, inevitabile.

C'è chi lo vede positivamente e chi no: alcune persone non riescono ad aspettare di vedere dei risultati, altre guardano con piacere lo scorrere del tempo che porta dalla partenza all'arrivo.

Sarà per questo che non sono mai riuscita a prendermi cura di quella dannata pianta di pomodorini che mi ostino a voler tenere sul mio terrazzo: mi ha sempre stressato dover pensare *okay, adesso la annaffio. Ma dopo devo cercare anche degli insetticidi? Devo cambiarle vaso se cresce troppo? Quando possono essere considerati maturi e commestibili questi pomodorini?* e così le ho sempre lasciate morire. Sarà che forse siamo entrambe accomunate dal non avere nessuno che ci insemini da un po' (ah, ah). Va bene, intendevo dire che ci accomuna il non avere qualcuno che si prenda cura di noi. La differenza è che lei dipende da me. E, a pensarci, anch'io dipendo da me.

Onestamente, mi sembra una fregatura.

Però, quando mezz'ora fa mi sono svegliata e ho visto il messaggio, il mio cervello ha deciso di fare un reset.

"Il pic-nic è per le coppiette, quindi passo, però se vuoi puoi venire da me questa sera… ;)"

Christian, 24 anni, conosciuto ieri su un'app d'incontri. Ci siamo scambiati pochi messaggi, parlando del più e del meno. Un ragazzo tranquillo, da ciò che ho potuto capire: si professa dolce e bravo ascoltatore sul suo profilo ma, da ciò che vedo, non riesce a farlo se non fra le lenzuola.

E oggi, ahimè, io ho proprio voglia di parlare. Sopra a un telo, su un prato pieno di fiori, con del vino bianco e degli snack a portata di mano.

Sono ancora sdraiata a letto: Red striscia verso di me sul materasso e appoggia il muso sul mio petto. Probabilmente vuole che le metta la pappa nella ciotola o che stoppi *Get It Sexyy* di Sexyy Red, l'artista da cui lei ha preso il suo nome. *Va bene, Red, hai ragione: canzone sicuramente non azzeccata per i momenti di riflessione sulla vita, ma ognuno li affronta un po' come crede. Almeno non faccio come nessuno dei miei.*

Mia madre – ci ho pensato – è come bloccata: nella mia testa ho provato a dipingerla come Pasqualina, una donna che ne ha passate tante e ha deciso di scegliere se stessa. Ma sono dell'idea che ci sono modi e modi per affrontare queste situazioni, e sicuramente qualcuno di questi prevede più empatia.

Certe azioni possono essere capite, ma non sempre giustificate. Lei è sempre stata così: l'ultimo mio atto d'amore nei suoi confronti è stato consigliarle di andare in terapia, ma quando mi ha deriso per questa mia idea (con il suo compagno che le faceva eco) ho capito che non c'era molto da fare.

Mio padre, invece, lo vedo per ciò che è: una figura distante da me, che non mi capisce, perso nel suo mondo.

Sarah reagirebbe ai momenti di confusione esistenziale in maniera ancora diversa. Mia sorella è un caso a parte: è il risultato della mia stessa infanzia, degli stessi problemi. Se io ho imparato ad annullare la rabbia, lei se ne lascia sovrastare.

Lunedì scorso Barbara ha detto che per lei la rabbia è collegata alla tristezza, e questo ci ha fatto riflettere su come molte persone non riescano effettivamente ad arrabbiarsi, perché non mettono confini. Se non hai confini, le altre persone possono anche mancarti di rispetto, solo che tu non lo capirai mai. E quindi non reagirai mai di conseguenza.

E la dimensione che cerco in questi giorni non è sessuale, anche se di certo è fisica. L'ho capito provando ad andare a letto con un ragazzo qualche giorno fa: mi sono messa a piangere quando mi ha chiesto se mi sentissi a mio agio.

Mi aspettavo che sarebbe stato un incontro ad alto tasso di fluidi corporei, ma non mi aspettavo certo che si sarebbe trattato delle mie lacrime. Però nessuno mi aveva mai fatto quella domanda e, sinceramente, sono rimasta parecchio spiazzata.

Alla fine con lui non sono riuscita a fare niente, nonostante mi sentissi in colpa per averlo fatto guidare fino a casa mia. Lui mi ha detto «non sei obbligata a fare niente se non te la senti» e se ne è andato. Ho pensato fosse un angelo sceso dal cielo; Benedetto ha detto che si è comportato semplicemente da essere umano decente. In ogni caso, l'ho apprezzato, anche se sono un po' arrabbiata col mio corpo per non aver collaborato. Ma, da brava pianta di pomodorini che sono, ho ipotizzato che anche lui abbia bisogno di una pausa. *Forse devo connettermi meglio con le mie radici.* E lo dico da sdraiata a letto, con quasi quaranta minuti di ritardo rispetto alla tabella di marcia e la saliva di Red sul top marrone che mi sa mi toccherà cambiare prima di portarla giù a passeggiare.

«Dai, andiamo di là» borbotto e lei scatta giù dal letto, correndo in cucina.

Le metto delle crocchette mischiate a dell'umido nella ciotolina e recupero dal frigo dei pancakes che mi sono cucinata ieri.

«Grazie, Shailene del passato» dico ad alta voce, «il tuo gesto è molto apprezzato da Shailene del presente.»

E comincio a mangiare. La tavola è sparecchiata e pulita a capotavola: ho sistemato ieri dopo aver cucinato i pancakes. Un buon inizio, direbbe Sarah.

"Non è ciò che cerco ma grazie lo stesso :)"

È la mia risposta a Christian. Per quanto abbia un attimo esitato prima di mandarla.

Uffa. Magari è un bravo ragazzo che vuole solo parlare a casa sua.

Sì, come no, e magari io sono pure intelligente se mi ci metto.

«Red, ti rendi conto che mamma ieri ha cucinato e pulito un po' casa?»

Il muso della cagnolina è nascosto dentro la ciotola, disperso nel suo paradiso personale. Non che sia in grado di capirmi col muso fuori dalla ciotola, sia chiaro.

Ci piace sperare, a noi madri di animaletti pelosi.

Ho dato da bere alla pianta di pomodorini. Magari domani mi informerò sugli antiparassitari, dopodomani sui vasi e domani ancora la rianniafferò. E vedrò se, piano piano, quei pomodorini riusciranno a nascere.

Alla fine, se non mi prendo cura io dei miei pomodorini, chi altro dovrebbe farlo? Non posso lasciarli alle mani sbagliate. E non posso arrabbiarmi se muoiono per colpa di qualcun altro.

Un rumore proveniente dalla strada mi fa trasalire: Red alza il muso perplessa quanto me. Infilo la mia vestaglia ed esco a controllare.

È giugno, ma al mattino presto fa ancora un certo fresco. Il sole sta timidamente sorgendo sul mio giardinetto e sulla via deserta, ma c'è comunque abbastanza luce da permettermi di distinguere un piccolo ammasso di pelo che piano piano percorre l'erba, si avvicina a me e si siede tra i miei piedi.

«E pensare che la giornata stava iniziando bene» borbotto cercando di spostarmi – ma senza successo: la pallina di pelo nera mi segue velocemente.

Alzo gli occhi e ne vedo altre tre, più lontane e nascoste a metà dietro a una pianta.

«Oh, non ci credo» dico, accovacciandomi. «Se la mamma vi ha abbandonato potrei davvero rischiare di empatizzare con voi.»

I miagolii si zittiscono, però il corpicino caldo rimane attaccato a me: forse per il freddo, forse perché ha fame, forse perché gli manca la mamma.

Sarà perché si è fatto coraggio per venire da me, mentre i suoi fratellini lo guardavano da lontano. O sarà questo disperato senso di conservazione, che porta un individuo a rischiare per cercare di stare bene, a sopravvivere come può.

Stupida, adorabile palla di pelo.

Ma gli sorrido. «Forse ho da mangiare per voi.»

Mi alzo col gattino in braccio, appoggiato al mio petto come se mi conoscesse da sempre. E lasciando la porta aperta, per incoraggiare i suoi fratelli a seguirci, rientro in casa.

Magari non diventerò mai la persona che pulisce con regolarità, magari mi verrà ancora voglia di rispondere ai messaggi di manipolatori che si spacciano per il principe azzurro. Magari invece tornerò a mettere vestiti aderenti senza pensare a quante persone mi chiederanno se sono incinta; forse darò finalmente retta alla voce nella testa che si chiede «e se tornassi a scuola?», o forse riuscirò addirittura a capire quali sono le mie passioni e i miei obiettivi nella vita. Non lo so.

Quello che so è che sto facendo spazio: a me, alla mia voce, a tutte queste domande a cui forse nessuno riuscirà mai a rispondere.

L'ho già detto: non li ho mai capiti i gatti, selettivi e imprevedibili, con questa mania d'indipendenza che li porta solo da chi vogliono loro. *Cosa significa che un gatto si fa toccare solo quando gli va?* pensavo.

Forse non mi sono mai piaciuta perché ho sempre voluto essere scelta, subito, e invece dovevo imparare a scegliere io, come fanno i gatti.

E forse non erano nemmeno loro il problema. Forse ero solo io che, fino a oggi, non avevo incontrato il gatto giusto.

Ringraziamenti

Questo libro lo dedico a Peep, la mia cagnolina e amore della mia vita.

Colei che, da quattro anni a questa parte, ha svoltato la mia vita e insegnato quanto è facile amare ed essere amati.

Mi ha aiutata durante i brutti periodi di apatia, derealizzazione, depersonificazione e ipocondria. Ma mi ha anche fatta uscire di casa e aiutata a socializzare, quando volevo solo chiudermi a guscio.

Colei che mi ha fatto passare la paura del buio perché, quando dorme nel mio letto, deve toccarmi anche solo con una zampina, sennò non riesce a dormire. Proprio come me. A lei che, a volte, ha pure problemi d'ansia e corre da me sperando che a mia volta non mi faccia prendere dall'ansia (tale madre, tale figlia).

Ai suoi occhi buoni che mi fanno sempre piangere perché, da madre drammatica che sono, penso che non potrò guardarli per sempre; ma, almeno, rimarrà sempre qui, nel mio primo, grandissimo traguardo personale.

Ai miei followers, che mi hanno fatto sentire accettata dopo che altri mi avevano sempre fatta sentire sbagliata e non abbastanza. Siete speciali e dolci, anime buone.

Alle mie vecchie professoresse di italiano, che mi spronavano a scrivere e credevano in me: ironicamente, eccomi qua! Magari non avete avuto più notizie mie, ma vi ricordo con affetto.

Al mio migliore amico Brendon, che è da sempre al mio fianco e a tutti i miei amici che mi hanno accompagnata negli anni.

Alla mia cara Hajar.

A mia zia Mitha, che ha sempre creduto in me e mai giudicata: non a caso mi ha battezzata. In Sicilia diciamo «dai padrini si prendono i vini», e io sono solo felice di assomigliarle!

Ringrazio anche mia sorella Jessica, mio cugino Mattia, mia nonna Graziella e il resto della mia famiglia «da giù»: spero questo progetto possa comunque rendevi fieri.

E in caso contrario, state tranquilli e sereni che sono già in terapia: quindi faccio uno *shoutout* alla mia pazzesca psicologa Milena, che nell'ultimo anno mi ha salvata, fatta sentire vista e ascoltata.

Grazie anche alla mia agenzia e alla mia editor Emma, che mi ha accompagnata con affetto e dolcezza in questo progetto per me molto importante.

Finito di stampare nel mese di giugno 2025
per conto di RCS MediaGroup S.p.A.,
da Rotolito S.p.A., Via Sondrio, 3, Pioltello (Milano)
Printed in Italy